Geneviève Lavigueur
Antoine Chaume Legault
Préface de Érik Giasson, «le Yogi de Wall Street»

ASCENSION FINANCIÈRE

DE 1 À 10 MILLIONS DE DOLLARS

GUIDE ULTIME DES ENTREPRENEURS POUR UNE PROSPÉRITÉ DURABLE

Performance Édition

info@performance-edition.com
www.performance-edition.com

Distribution pour le Canada : Prologue Inc.
Pour l'Europe : DG Diffusion

ISBN : 978-2-925524-30-4
EPDF : 978-2-925524-31-1
EPUB : 978-2-925524-32-8

Dépôt légal 4e trimestre 2025

Dépôt légal Bibliothèque et Archives nationales du Québec
Dépôt légal Bibliothèque nationale du Canada

Nous reconnaissons l'aide financière du gouvernement du Canada par l'entremise du Fonds du livre du Canada pour nos activités d'édition.

Nous remercions la Société de développement des entreprises culturelles du Québec pour son appui à notre programme de publication.

Imprimé au Canada

TABLE DES MATIÈRES

Ce livre est le fruit de plus de quinze années
d'expérience dans le secteur financier, guidé
par un état d'esprit entrepreneurial clair.

Nous sommes des entrepreneurs experts en finances,
au service d'autres entrepreneurs désireux
de créer une prospérité durable.

À titre de quarts-arrière financiers, notre pratique
repose sur une forte rigueur financière, combinée
à une vision stratégique quant à la manière d'offrir
une valeur exceptionnelle à chaque client, le tout axé
sur un profond respect pour l'humain
derrière chaque décision.

Nous dédions cet ouvrage à tous ceux et celles qui, de près ou de loin, nous ont permis d'élever notre pratique.

REMERCIEMENTS

Nous tenons à remercier chaleureusement nos mentors actuels et passés. Leur guidance, leur générosité et leur confiance ont été des catalyseurs essentiels dans notre cheminement. À chaque étape, ils nous ont aidés à voir plus grand, à penser différemment, et à garder le cap sur l'essentiel. Leur influence est présente dans chaque chapitre de cet ouvrage.

Un merci particulier à Erik Giasson qui a accepté d'écrire la préface et dont l'approche unique comme coach et accompagnateur nous a permis d'aligner ambition, stratégie et sens. Son écoute, sa clarté et sa capacité à poser les bonnes questions ont été précieuses dans notre évolution autant personnelle que professionnelle.

Nous exprimons également toute notre reconnaissance à François Deschamps, dont les conseils judicieux, la vision stratégique et l'amitié fidèle ont marqué un tournant dans notre manière de voir les affaires et de servir nos clients avec rigueur et humanité. Sa sagesse nous a permis de prendre les bonnes décisions aux moments opportuns.

Un merci sincère à la famille Lafond pour leur soutien indéfectible, leur confiance à toutes les étapes de notre croissance, ainsi que leur rôle précieux à titre de conseillers aviseurs. Leur accompagnement nous a permis de bâtir une pratique durable, portée par une vision à long terme.

Un immense merci à nos familles et à nos proches qui nous soutiennent dans nos projets, souvent en coulisses, avec patience, compréhension et amour. Leur présence nous permet de bâtir avec équilibre et intention.

Merci à notre éditrice Marie-Josée Blanchard et son équipe. Publier notre livre fut une expérience formidable !

Merci à nos clients. Votre confiance, votre ouverture à l'innovation et vos ambitions parfois folles mais toujours inspirantes nous motivent à repousser nos propres limites chaque jour. Vous êtes la raison d'être de notre travail et les cocréateurs de la valeur que nous bâtissons ensemble.

Enfin, merci à tous ceux et celles qui ont croisé notre route et enrichi notre parcours. À votre manière, vous avez contribué à ce que notre pratique prenne de l'ampleur et que ce livre voie le jour.

merci!

À PROPOS DES AUTEURS

Geneviève Lavigueur, MBA, est conseillère en gestion de patrimoine, conseillère en sécurité financière, ainsi que conseillère en régimes collectifs d'assurance et de rentes. Elle puise sa force dans un héritage entrepreneurial transmis par sa grand-mère, fondatrice des célèbres Bijouteries Lavigueur.

Forte d'une expérience concrète en vente, en gestion d'équipe et en entrepreneuriat familial, elle a su transformer les défis en tremplins, notamment lors de l'essor de sa carrière après l'obtention de son MBA à l'école de gestion John-Molson de l'Université Concordia, à Montréal.

Elle incarne un leadership audacieux et bienveillant, consacré à soutenir les entrepreneurs dans la création d'un patrimoine durable, tout en inspirant la prochaine génération de femmes leaders en finance.

Elle coanime le balado *Cash & Champagne*, une émission qui donne la parole à des entrepreneurs, visionnaires et leaders afin d'explorer leur état d'esprit, leur parcours et les tabous financiers encore bien présents au Québec.

Antoine Chaume Legault, CIM®, Pl. Fin., est planificateur financier, gestionnaire de portefeuille agréé, conseiller en gestion de patrimoine, conférencier et chroniqueur financier dans les médias québécois. Issu d'un milieu modeste, il a bâti un parcours remarquable en accompagnant une clientèle entrepreneuriale ambitieuse avec rigueur, clarté et humanité. Il est reconnu pour sa capacité à démystifier l'univers complexe des finances en rendant accessibles des notions avancées.

Gestionnaire d'envergure, il dirige une équipe en forte croissance et incarne une approche multidisciplinaire qui conjugue performance, stratégie et valeurs humaines. Communicateur apprécié des médias, il contribue activement à élever la culture financière au Québec, tout en redonnant de son temps à divers organismes caritatifs. Il fait notamment part de ses conseils chaque semaine à LCN (Le Canal Nouvelles) du Groupe TVA, où il commente l'actualité économique et aborde divers sujets financiers, en plus de siéger sur le CA de la Chambre de la Sécurité Financière (CSF) et de la Fondation du Collège Jean-Eudes.

Il a coanimé l'émission de radio *NumériQ* et participe fréquemment à des balados sur les finances personnelles, où il démystifie des enjeux complexes tels que la fiscalité successorale et les stratégies de retraite.

Enfin, à titre de collaborateur pour *La Presse*, *Le Journal de Montréal* et *Le Journal de Québec*, il vulgarise des stratégies concrètes à l'intention des entrepreneurs et des investisseurs.

PRÉFACE DE ÉRIK GIASSON

Je suis le coach d'Antoine et de Geneviève depuis un peu plus de quatre ans. J'aime croire que j'ai eu quelque chose à voir avec leur succès, mais en vérité, ils sont surtout des enfants bien nés : intelligents, bien intentionnés, portés par des valeurs solides. Mon rôle a été celui d'un guide pour les aider à révéler et utiliser leurs talents afin de servir plus grand qu'eux-mêmes.

J'ai rencontré Antoine en 2016, alors qu'il m'avait embauché pour une conférence. J'ai été frappé par ce jeune homme intelligent, allumé et animé d'un profond désir de servir. Puis, quand j'ai commencé à travailler avec eux comme coach, j'ai eu ce même coup de foudre professionnel pour Geneviève.

À soixante ans, je remarque que la vie passe vite. Jeune, on pense avoir le temps, on croit que l'ascension sera facile. Comme pour l'Everest, on sous-estime le pouvoir de l'effet composé : celui des rendements financiers, mais aussi celui des petits choix quotidiens qui façonnent une vie. Et pourtant, sans plan, notre instinct de survie en créera un pour nous, mais il sera dicté par la peur, la réaction ou l'ego. Ce genre de plan ne mène rarement au sommet ; il conduit surtout vers l'épuisement, l'anxiété et la survie à court terme.

Les marchés, comme les montagnes, testent constamment nos émotions. Ils cherchent à nous faire douter, à nous écarter du plan. Dans le cas de l'Everest, déroger au plan peut être une question de vie ou de mort. Dans le cas de la retraite, c'est une question de sécurité et de qualité de vie. C'est pourquoi il est si précieux d'être bien accompagné par des personnes de confiance comme Antoine et Geneviève.

J'ai moi-même eu une relation compliquée avec l'argent. Paradoxal quand on sait que j'ai travaillé en finances, aux côtés de certains des meilleurs investisseurs au monde. Pendant des années, j'ai cherché à combler un vide intérieur par la vitesse, la prochaine transaction, le prochain gain. Cependant, ce livre nous rappelle que la sécurité financière n'est pas qu'une question de chiffres. C'est une liberté intérieure, une paix d'esprit, un nouveau regard sur soi, sa vie et son monde. L'insécurité financière, à l'inverse, génère un stress sourd qui abîme nos relations, nos choix et notre sérénité.

L'indépendance financière est un art plus qu'une science. C'est une construction et un cheminement aussi intérieur qu'extérieur. Cela requiert de déconstruire certaines croyances, de se libérer des illusions et de savoir accueillir ses émotions sans se laisser dominer par elles. Oui, les émotions ont une valeur immense dans la vie, mais dans un plan de sécurité financière, elles peuvent devenir des pièges. D'où l'importance de s'entourer de guides capables de maintenir le cap quand la peur ou l'avidité menacent de nous détourner.

C'est un art parce que c'est du sur-mesure : chaque parcours est unique, chaque sommet diffère selon les besoins et les moyens de chacun. C'est aussi un art parce qu'il faut savoir gérer « l'ivresse du sommet ». On peut croire qu'une fois arrivé, tout sera réglé. Or, l'ivresse peut donner des illusions et nous pousser dans la mauvaise direction. J'en sais quelque chose.

Ce livre n'offre pas une recette miracle. Il propose mieux : une carte fiable, une méthode éprouvée et un rappel constant que la réussite financière, comme l'ascension de l'Everest, se prépare, s'entoure et se vit étape par étape. À vous de tracer maintenant votre propre chemin en gardant toujours à l'esprit que la vraie liberté n'est pas d'avoir plus, mais de pouvoir choisir mieux, en paix, ce qui compte vraiment.

– Érik Giasson, coach exécutif et conférencier

Le Yogi de Wall Street

AVANT-PROPOS

« L'ascension financière n'est pas seulement une question de chiffres, mais une aventure où chaque décision est une prise d'altitude, et chaque succès, une nouvelle perspective sur l'horizon de vos rêves. »

L'écriture de ce livre découle d'un besoin profond de transmettre nos connaissances, nos expériences et notre vision. Elle s'inscrit dans la volonté de concevoir un outil utile, pratique et durable pour nos clients actuels, ainsi que tous ceux et celles qui souhaitent mieux comprendre l'importance de l'ascension financière et, par extension, découvrir comment s'approprier leur propre succès.

Mais au fait, qu'entendons-nous par l'expression « ascension financière » ?

Dans le contexte de notre accompagnement, l'ascension financière dépasse largement la simple accumulation de richesse. Il s'agit d'un processus structuré visant à offrir à chacun une réelle liberté financière, une paix d'esprit et la capacité de faire des choix en toute autonomie. L'ascension financière repose avant tout sur l'établissement d'un équilibre durable entre la gestion des actifs et l'épanouissement personnel et familial.

Cette montée s'appuie sur plusieurs piliers fondamentaux. Elle débute par une phase de compréhension des objectifs personnels et professionnels. Il ne s'agit pas uniquement d'atteindre un montant précis, mais de définir ce que représente cette indépendance financière pour chacun.

Pour plusieurs, elle se traduit par la possibilité de redonner, d'améliorer la qualité de vie de leurs proches ou d'investir dans des projets porteurs de sens – qu'il s'agisse de voyager, d'offrir un dernier périple à leurs parents en santé, ou encore de soutenir des causes qui leur tiennent à cœur.

Une autre dimension essentielle de l'ascension financière est la **stabilité**. Elle procure à ceux qui l'atteignent une certaine sérénité, car ils savent que leur avenir financier est sécurisé. Cette stabilité permet d'atténuer le stress et l'anxiété liés à l'incertitude des finances futures. Lorsqu'une personne a la certitude de pouvoir subvenir à ses besoins sans craindre les aléas économiques, c'est l'ensemble de sa vie quotidienne qui s'en trouve transformé. Le stress lié à l'argent s'efface, laissant place à une plus grande clarté dans les décisions à prendre, tant sur le plan personnel que professionnel.

Par ailleurs, l'ascension financière ne s'effectue pas en solitaire. Selon notre expérience, les relations humaines y jouent un rôle clé. C'est pourquoi nous nous engageons à établir de véritables **partenariats de croissance** avec nos clients afin de leur offrir des conseils financiers et un accompagnement sur mesure. Notre rôle ne se limite pas à proposer des solutions : il consiste à comprendre les besoins uniques de chaque personne et à **concevoir ensemble un plan personnalisé** qui la mènera vers son propre sommet.

« L'ascension financière
ne se mesure pas seulement en chiffres,
mais en accomplissements qui résonnent dans nos vies,
en objectifs concrets réalisés et en rêves
qui prennent enfin leur envol. »

L'un des aspects les plus gratifiants de l'ascension financière réside dans la manière dont elle transforme les individus. Lorsqu'un client prend conscience qu'il est devenu financièrement indépendant, c'est toute sa vision du monde qui s'en trouve bouleversée. Ce sont souvent des moments chargés d'émotion, durant lesquels les clients nous expriment leur gratitude pour l'impact que notre accompagnement a eu sur leur vie.

Ces instants précieux viennent renforcer notre conviction : l'ascension financière dépasse les simples résultats chiffrés. Elle incarne des accomplissements personnels et familiaux, des objectifs atteints et des rêves devenus réalité.

Enfin, l'ascension financière est un **chemin continu**. Il ne s'agit pas d'une destination finale, mais d'un processus évolutif. Atteindre l'indépendance financière ne marque pas la fin du parcours – bien au contraire, cela ouvre de nouvelles perspectives. Cette étape permet d'adopter une vision à long terme, axée sur la pérennité du patrimoine familial, la transmission aux générations futures et la construction d'une vision claire pour les décennies à venir.

L'ascension financière ne consiste pas uniquement à sécuriser son propre avenir, mais aussi celui de ses proches et de ceux qui comptent. Elle repose sur un équilibre subtil entre une gestion efficace des ressources, un accompagnement humain de qualité et un alignement profond avec les valeurs personnelles. Elle offre à ceux qui l'atteignent bien plus qu'un capital : elle leur donne la liberté de choisir, d'accomplir et de vivre pleinement.

Avant d'aller plus loin, permettez-nous de vous révéler notre vision de l'ascension financière en la comparant à la conquête de l'Everest. Cette analogie illustre avec force à quel point la persévérance, la gestion rigoureuse des risques, ainsi que l'alignement clair entre des objectifs personnels et des stratégies financières solides, constituent des leviers essentiels de la réussite.

« Tu sais, Geneviève, gravir l'Everest, c'est bien plus qu'une simple ascension physique, dit Antoine. C'est une aventure qui exige un engagement total et je crois que c'est un parallèle parfait pour parler de réussite financière. Dans le monde de la finance, tout comme sur cette montagne mythique, chaque étape compte. Les entrepreneurs et investisseurs que nous accompagnons le savent : atteindre des objectifs financiers ambitieux ne se fait pas du jour au lendemain. Il faut une vision claire, mais surtout la persévérance nécessaire pour avancer, même face aux vents contraires. Le camp de base de l'Everest, c'est le premier jalon que chaque leader atteint. Comme tu le sais, c'est là que nous aidons nos clients à structurer leurs finances et à ériger des fondations solides. Ensuite, chaque nouvelle étape, investissement ou décision financière les rapproche du sommet, une progression à la fois.

—Absolument ! Ce qui fait toute la différence, c'est l'état d'esprit, répond Geneviève. Lorsque nos clients entament leur ascension financière, tout part de cet état. Nous leur rappelons l'importance de rester centrés sur leurs objectifs, même lorsque les conditions sont difficiles ou que les marchés sont volatils. La persévérance devient leur meilleur allié. Nous les aidons à comprendre qu'il y aura des moments où tout semblera bloqué, où la montagne paraîtra infranchissable. Tout comme les alpinistes ajustent leur trajectoire en fonction de la météo et des imprévus, les stratégies financières doivent elles aussi être révisées. C'est là que nous intervenons pour les aider à prendre du recul, à retrouver une perspective et à se rappeler que chaque effort ou risque calculé les rapproche un peu plus de leur sommet personnel.

—C'est justement là qu'entre en jeu la gestion des risques, ajoute Antoine. Escalader une montagne comme l'Everest peut s'avérer extrêmement dangereux si l'on ne tient pas compte des dangers potentiels. C'est pareil en finance. Sans une gestion prudente des risques, même les meilleures stratégies peuvent échouer. Nous outillons nos clients pour qu'ils ne se lancent jamais tête baissée sans avoir d'abord pris le temps d'évaluer les enjeux. Cela peut sembler contre-intuitif, mais parfois, ralentir pour mieux analyser les options est la meilleure décision à prendre. Nous les aidons ainsi à évaluer les risques, à ajuster le plan en conséquence et à ne jamais perdre de vue l'importance de protéger ce qu'ils ont déjà acquis, tout en continuant à avancer vers leurs objectifs.

— Tellement ! rétorque Geneviève. J'ajouterais que l'alignement entre leurs aspirations personnelles et leurs stratégies financières est absolument fondamental pour que cette ascension soit réellement réussie. L'objectif, ce n'est pas simplement d'atteindre le sommet pour la vue, mais pour vivre un sentiment d'accomplissement profond. Il en va de même pour leurs finances. Nous aidons chaque client à identifier pourquoi ils souhaitent atteindre cette liberté financière, pourquoi ils s'engagent dans ce processus. Par exemple, nous leur posons souvent cette question, qui guide nos échanges : "Est-ce pour passer plus de temps avec votre famille ? Pour offrir une meilleure sécurité à vos proches ? Ou pour enfin réaliser un rêve de longue date ?" Nous sommes là pour les aider à aligner leurs motivations avec une stratégie concrète. Car au fond, gravir l'Everest – tout comme réussir financièrement –, ce n'est pas qu'un objectif matériel. C'est un état d'esprit et une vision de la vie. »

À la lumière de notre échange, nous vous invitons maintenant à entreprendre ce voyage ambitieux à nos côtés, avec une vision claire et une détermination sans faille. Ensemble, gravissons les sommets de votre réussite financière !

Pourquoi nous vous offrons ce livre

Avant de débuter ce voyage ambitieux avec vous, celui de votre ascension financière de 1 à 10 millions de dollars d'actifs, comparable à la conquête de l'Everest, permettez-nous d'énumérer les principales raisons pour lesquelles nous vous offrons ce livre.

D'abord, en tant que planificateurs financiers et conseillers en gestion de patrimoine, nous avons souvent constaté que les rencontres individuelles, bien qu'efficaces, ne suffisent pas toujours à transmettre l'ensemble des nuances de notre approche. L'écriture de cet ouvrage nous est donc apparue comme une occasion unique de formaliser et de partager notre vision à plus grande échelle.

L'une des premières raisons qui nous ont motivés à l'écrire est de permettre à nos clients de bénéficier d'un soutien durable, qui dépasse le cadre de nos consultations. Ce livre représente une occasion d'aller plus loin que ce que nous pouvons aborder en rencontre, tout en renforçant notre message à l'aide d'exemples concrets et de stratégies précises.

Il ne s'agit pas simplement de réitérer des notions déjà connues de nos clients, mais bien de leur offrir une ressource complète à laquelle ils pourront se référer à tout moment pour approfondir leur compréhension et affiner leurs décisions financières. De plus, un livre comporte un avantage inestimable : celui de pouvoir cristalliser les enseignements dans un format permanent, accessible et largement diffusé.

Au-delà de cet aspect purement pratique, l'écriture de ce livre répond également à un enjeu de crédibilité et de notoriété. Au fil des années, nous avons bâti une solide réputation fondée sur la confiance et les résultats tangibles obtenus avec nos clients. Cet ouvrage vient donc renforcer cette crédibilité en offrant une vitrine tangible de notre savoir-être et de notre savoir-faire.

Dans un monde où la visibilité est devenue cruciale pour se démarquer, ce projet éditorial constitue un levier puissant pour faire entendre notre voix et mettre en lumière l'étendue de notre expertise. Il ne s'agit pas simplement d'une démarche de visibilité ou de marketing, mais bien d'un engagement sincère à offrir une valeur ajoutée à notre clientèle actuelle, ainsi qu'à tous ceux qui pourraient bénéficier de nos services.

Nous avons voulu structurer ici les réflexions et les stratégies que nous adaptons habituellement à chaque client afin d'en dégager des principes applicables à un plus large public. Écrire ce livre nous a permis de clarifier notre pensée, de mettre en lumière les fondements de notre approche et d'offrir une trajectoire claire vers l'ascension financière.

Comme pour tout sommet à gravir, il ne suffit pas d'avoir une vision : il faut un plan, une carte et des repères solides pour avancer avec confiance. Une idée sans plan n'est qu'un rêve. Ne pas planifier, c'est se préparer à échouer. Même les plus grandes montagnes exigent une carte.

Certains pourraient croire que dévoiler nos méthodes – nos « recettes », en quelque sorte – pourrait nuire à notre activité et donner à d'autres la possibilité de reproduire ce que nous faisons. Or, nous voyons les choses autrement. Nous croyons fermement qu'il est possible de partager généreusement notre savoir sans se sentir menacés. Comme un architecte qui rend publics les plans d'une maison, cela ne signifie pas pour autant que quiconque sera en mesure de la construire correctement sans son expertise.

Notre véritable valeur réside dans l'accompagnement personnalisé que nous offrons à chaque client – une relation unique, qui ne peut être simplement reproduite en suivant des instructions. Ce livre devient ainsi un moyen de transmettre de la valeur sans pour autant diluer notre impact.

Écrire ce livre, c'est relever un défi personnel autant que professionnel. C'est une démarche de dépassement de soi, dans laquelle nous avons souhaité mettre en valeur notre expertise en gestion financière et notre propre évolution humaine à travers ce métier.

Ce projet est né d'un profond désir de transmettre des outils concrets, bien sûr, mais également une part de notre parcours, de nos motivations et de notre vision. Nous avons voulu établir un dialogue direct avec vous pour que ce livre devienne un véritable compagnon de route – un guide pour vous aider à naviguer dans les complexités financières, tout en vous inspirant à gravir votre propre Everest.

Plus qu'un simple prolongement de notre pratique, ce manuscrit est un geste de générosité et d'engagement. Nous espérons qu'il vous sera à la fois utile, inspirant et en cohérence avec votre quête de liberté, de sens et d'épanouissement.

Derrière chaque sommet, il y a des guides

Avant de vous présenter notre méthode concrète d'ascension financière, il nous semblait essentiel de vous parler de ce qui nous a permis, à nous aussi, d'envisager les hauteurs. Tout comme vous, nous avons marché, grimpé, parfois hésité et nous avons été accompagnés. Personne n'atteint un sommet seul. Chaque ascension repose sur une combinaison de volonté, de stratégie et de soutien.

Derrière notre vision, nos outils et notre engagement envers nos clients, il y a des visages, des noms, des rencontres déterminantes. Ces femmes et ces hommes ont agi pour nous comme des guides en éclairant la voie, en nous soutenant dans les moments critiques et en nous aidant à ériger des fondations solides. Comprendre nos inspirations, c'est aussi comprendre l'essence de ce livre.

Alors, avant de vous remettre notre carte du territoire, laissez-nous vous présenter les guides qui ont marqué notre chemin.

Vous savez, lorsque l'on évoque la réussite financière, on l'associe souvent à des chiffres, des stratégies et des placements. Permettez-nous de vous inviter à envisager les choses autrement. Imaginez un instant que vous vous trouviez au pied de votre propre Everest financier. Ce sommet ne représente pas seulement un montant inscrit sur un relevé de compte. Il symbolise la liberté : celle de choisir, de rêver et d'agir en pleine conscience, sans contraintes. Et, comme toute ascension de grande envergure, celle-ci ne peut se faire seule.

Un alpiniste qui s'aventure à gravir l'Everest sans préparation ni soutien s'expose à de grands risques. De la même manière, une réussite financière durable exige bien plus qu'un simple désir de prospérité. Elle requiert une vision claire, un plan structuré, des repères solides et un accompagnement digne de ce nom. C'est là que nous intervenons.

À vos côtés, tels des accompagnateurs modernes, nous ne marchons pas à votre place. Nous sommes là pour vous guider pas à pas pour vous aider à choisir les bons itinéraires, à éviter les crevasses et à ajuster votre progression selon les conditions du terrain.

Oui, vous devrez préparer votre équipement mental et émotionnel. Oui, il y aura des moments où les vents seront contraires. Mais soyez assurés d'une chose : nous marcherons à vos côtés. À chaque étape, nous serons là pour vous aider à évaluer les risques, à consolider vos appuis et à prendre des décisions en cohérence avec votre destination personnelle. Ce sommet que vous visez n'est pas qu'un objectif financier ; c'est un lieu d'équilibre, de sens et d'accomplissement.

Derrière chaque sommet atteint se cachent des guides, des mentors et des piliers souvent discrets, mais essentiels. Pour nous, Geneviève et Antoine, ces figures d'inspiration ont façonné notre propre vision de l'ascension financière.

Pour Geneviève, tout a commencé dans l'entreprise familiale de bijouterie. Son père, entrepreneur autodidacte, lui a transmis le goût du risque, de l'effort soutenu et de la persévérance. Elle a grandi dans un environnement où chaque défi se transformait en occasion de grandir. Aux côtés de sa mère, pilier affectif et soutien indéfectible, elle a aussi appris à conjuguer ambition professionnelle et équilibre familial.

Au fil des années, des figures clés sont venues consolider cette base. François Deschamps, coach en gestion, a marqué un tournant dans sa manière d'aborder sa pratique. Grâce à lui, elle a su structurer son approche, élaborer des systèmes solides et clarifier ses priorités. D'autres, comme Sébastien Lafond, vice-président, marketing et distribution chez Lafond + Associés, ont contribué à élargir sa vision et à renforcer son réseau. Ces influences l'ont façonnée en une guide chevronnée, pleinement engagée à accompagner les autres vers leur propre sommet.

Pour Antoine, tout a basculé grâce à un geste décisif: l'encouragement de Dominique Gervais, le père de sa première compagne, à investir tôt dans l'immobilier. Ce mentor de la première heure l'a propulsé sur une trajectoire entrepreneuriale qu'il n'aurait peut-être jamais envisagée seul. Comme Geneviève, Antoine a ensuite croisé le chemin de François Deschamps, dont l'influence a profondément façonné non seulement sa façon de structurer son activité, mais aussi son état d'esprit.

Un autre tournant majeur a été sa rencontre avec Érik Giasson, surnommé le «Yogi de Wall Street». Ce dernier l'a aidé à transformer sa relation à l'argent, à dépasser le syndrome de l'imposteur et à reconnaître pleinement la valeur de son travail. Cet ancrage émotionnel a été déterminant: il a permis à Antoine d'embrasser avec confiance son rôle de guide financier.

Nos parcours respectifs ont ceci en commun: une volonté de se dépasser, des rencontres clés et un entourage bienveillant. Ces personnes nous ont permis d'aller plus loin, plus haut. Aujourd'hui, nous souhaitons à notre tour transmettre ce que nous avons en matière de stratégies financières, d'attitudes, de mentalité et de résilience.

Une approche méthodique de la sécurité financière

Avant de poser les fondations concrètes de votre stratégie financière, il est essentiel de reconnaître qu'aucune ascension durable ne commence par les chiffres. Le véritable sommet se dessine d'abord dans l'esprit. Un état d'esprit clair, lucide, courageux et ancré agit comme une boussole intérieure, guidant chaque décision clé. Sans lui, même les meilleures stratégies peuvent rester sans effet.

Ce livre repose sur la conviction que l'élévation financière est indissociable de l'élévation intérieure. C'est pourquoi nous vous inviterons d'abord à revisiter votre posture, vos croyances et vos appuis. Ce n'est qu'à partir de cette base intérieure que pourra s'ériger une structure financière à la fois solide, cohérente et pleinement en harmonie avec ce que vous souhaitez réellement bâtir.

Ce que vous tenez entre vos mains est donc bien plus qu'un guide technique. C'est un manuel d'ascension conçu pour transformer vos finances, certes, mais aussi votre relation à la réussite.

Avant de passer à la méthode concrète, prenons un instant pour honorer une vérité fondamentale : les plus grandes transformations financières prennent racine dans une transformation intérieure. Une vision claire, aussi inspirante soit-elle, ne suffit pas si elle n'est pas soutenue par une structure adaptée. C'est l'union entre la posture mentale et l'architecture stratégique qui rend l'ascension possible. Et c'est précisément ce que nous nous apprêtons à vous transmettre dans les pages qui suivent.

Après avoir exploré la vision globale de l'ascension financière, il est maintenant temps de vous présenter le cœur stratégique de notre approche : le bouclier patrimonial d'investissement (BPI), soutenu par le rôle central du stratège financier. Ce qui suit vous en offre une vue d'ensemble afin de vous servir de repère tout au long de votre lecture. Chaque élément y sera détaillé et approfondi dans les chapitres à venir.

Conçu comme une méthode éprouvée pour sécuriser et faire croître votre patrimoine, le BPI vous propose une structure claire, durable et adaptable aux différentes étapes de votre vie financière.

Gravir son propre Everest financier exige plus qu'un simple désir de faire fructifier son capital. Cela demande une vision lucide, une méthode fiable et un accompagnement stratégique capable de transformer vos intentions en actions concrètes.

C'est dans cette optique qu'a été conçu le BPI : une méthode structurante, évolutive et profondément humaine, pensée pour bâtir, protéger et transmettre un patrimoine à la hauteur de vos aspirations.

Le BPI repose sur trois piliers complémentaires, que vous retrouverez dans le graphique ci-dessous :

1. Les placements en gestion d'actifs, moteurs essentiels de croissance à long terme ;
2. Les placements en entreprises privées, appréciés pour leur stabilité et leur potentiel souvent décorrélé des marchés publics ;
3. Le portefeuille immobilier, pilier tangible qui offre un ancrage sécurisant.

Ce graphique représente la pyramide du bouclier patrimonial d'investissement (BPI), fondée sur trois piliers essentiels. Chacun d'eux joue un rôle stratégique, stabilisant et dynamisant votre portefeuille global. L'objectif : assurer une diversification optimale qui conjugue stabilité, potentiel de rendement et sécurité à long terme.

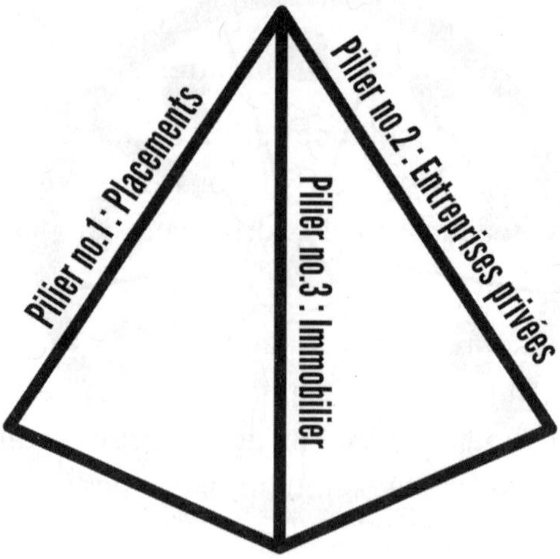

Ensemble, ces composantes forment une architecture cohérente et résiliente, capable de résister aux aléas économiques tout en soutenant une progression constante. Le BPI n'est pas qu'un simple cadre de répartition, c'est une méthode conçue pour évaluer, ajuster et optimiser les décisions financières à chaque étape de votre parcours. Cela dit, même la meilleure carte ne remplace pas un guide expérimenté.

C'est là qu'intervient le rôle du quart-arrière financier : une figure stratégique et proactive, véritable chef d'expédition de votre ascension. À l'image d'un guide de haute montagne qui anticipe les changements de terrain, ajuste l'itinéraire et coordonne chaque étape, le quart-arrière veille à ce que chaque décision financière prise soutienne votre progression vers le sommet. Il orchestre les choix complexes, mobilise les experts nécessaires et s'assure que votre trajectoire demeure claire, cohérente et en parfaite harmonie avec vos objectifs.

Ce rôle central est illustré dans notre graphique de la roue multidisciplinaire, symbole d'une orchestration rigoureuse où chaque expert, à sa place, contribue à sécuriser et à dynamiser votre ascension financière. Grâce à cette approche, chaque étape est franchie avec lucidité et assurance.

Ce rôle dépasse largement l'exécution de simples stratégies financières. Il repose sur une compréhension fine de vos priorités personnelles, de vos contraintes, de vos ambitions, et même de vos peurs silencieuses. C'est un partenariat authentique, où l'humain compte autant que les chiffres.

Ce regard global permet d'intégrer bien plus que la seule croissance du capital :

- la protection à long terme,
- la génération de revenus durables – notamment par des mécanismes comme la règle des 4 %,
- et la transmission du patrimoine, pensée avec sens et continuité.

Ainsi, le BPI devient bien plus qu'un outil technique : c'est une philosophie d'investissement fondée sur le réel, sur le long terme et portée par une intention claire. Il s'ajuste à votre rythme, à votre horizon, à vos besoins évolutifs. Qu'il soit question de retraite, de diversification internationale ou de pérennité familiale, cette approche vous offre des repères solides dans un monde instable. Et surtout, elle vous rappelle que vous n'avez pas à marcher seul.

Avec un quart-arrière financier à vos côtés, chaque étape – de la structuration à la mise au point, de la croissance à la transmission – est pensée, orchestrée et sécurisée. Ce rôle devient d'autant plus crucial lors des moments charnières : vente d'entreprise, héritage, transition professionnelle ou quête d'une plus grande liberté. C'est dans ces instants que le véritable leadership financier se manifeste : non pas en réagissant à la tempête, mais en l'ayant anticipée.

Le BPI s'inspire de la rigueur d'une expédition vers l'Everest. Gravir un sommet d'une telle envergure ne repose pas uniquement sur de bonnes chaussures : il faut un plan précis, une équipe soudée, un itinéraire réfléchi et des stratégies d'adaptation solides pour faire face à l'inattendu. Chacun des piliers du BPI constitue une assise robuste qui permet une progression maîtrisée vers l'indépendance financière, avec une vision résolument tournée vers le long terme.

L'objectif de notre approche n'est pas d'éliminer tous les risques – ce serait illusoire –, mais de les répartir intelligemment pour sécuriser chaque étape de l'ascension. À l'image de l'alpiniste aguerri qui s'entoure de guides chevronnés pour franchir les passages les plus techniques, l'investisseur avisé s'appuie sur une équipe de professionnels : conseillers, fiscalistes, avocats corporatifs… autant d'experts qui ajustent le plan, affinent la trajectoire et permettent de garder le cap, même lorsque le terrain devient plus escarpé.

Ce livre est une invitation à entreprendre votre propre montée et à bâtir votre équipe élite, celle qui vous accompagnera à chaque moment clé pour transformer vos ambitions en réussites tangibles. Imaginez-vous au pied de votre Everest financier. Chaque chapitre, chaque outil que nous dévoilons vise à vous offrir une carte, une corde, un point d'appui. Nous ne sommes pas là pour marcher à votre place, mais pour cheminer à vos côtés.

À travers nos histoires croisées, vous découvrirez que l'ascension vers la liberté financière n'est pas réservée à une élite. Elle est accessible, pour peu que l'on s'entoure des bonnes personnes, que l'on planifie avec rigueur et que l'on progresse avec lucidité. Plus qu'une simple trajectoire financière, ce livre est une invitation à redéfinir votre relation à l'argent et à vos rêves les plus ambitieux. Par l'entremise d'histoires inspirantes, de conseils judicieux et d'une vision claire, cet ouvrage se veut un compagnon de route précieux pour ceux prêts à s'élever au-delà des limites habituelles.

Préparez-vous à entamer cette ascension, à franchir chaque étape avec détermination et à contempler, une fois au sommet, la grandeur de vos réalisations. Le moment est venu de gravir votre propre Everest financier. Nous serons à vos côtés à chaque instant.

Merci de nous accorder le privilège de vous inspirer et de vous accompagner dans cette aventure.

CHAPITRE 1

Leadership en haute altitude : gravir les sommets financiers avec confiance

« Le vrai leadership ne consiste pas à atteindre le sommet seul, mais à s'assurer que chacun gravisse sa propre montagne avec force et confiance. »

Dans ce chapitre, nous abordons l'ascension financière à travers une métaphore puissante : celle de l'Everest, le plus haut sommet de la Terre situé dans l'Himalaya, à la frontière du Népal et du Tibet. Véritable symbole de dépassement de soi, il attire des alpinistes du monde entier malgré des conditions extrêmes et un itinéraire périlleux.

Tout comme les grimpeurs qui se préparent rigoureusement à gravir ce géant de 8848 mètres, réussir dans le domaine financier exige une planification stratégique minutieuse, une grande résilience face aux obstacles et une équipe de soutien expérimentée.

Nous explorons ici les parallèles entre notre expédition sur le chemin de l'Inca, l'un des sentiers de randonnée les plus célèbres au monde, et le parcours financier de nos clients – que nous comparons à une montée en puissance vers l'indépendance financière et la prospérité. Chaque étape, qu'il s'agisse d'une bonne gestion des risques ou d'une décision d'investissement audacieuse, les rapproche de leur sommet personnel : leur Everest financier.

Ce chapitre met en lumière les leçons de leadership tirées de cette expérience, tout en illustrant comment nous appliquons ces mêmes principes pour vous guider à travers votre propre ascension vers une indépendance et une sécurité financières durables.

En octobre 2024, nous avons entrepris une expédition de randonnée au Pérou, sur le chemin de l'Inca, un ancien itinéraire de pèlerinage tracé par l'Empire inca menant au mythique Machu Picchu. Cette ascension symbolisait pour nous un profond dépassement de soi et une quête de sens.

Le sentier s'étend sur environ 43 kilomètres et relie plusieurs sites archéologiques incas, nichés au cœur de la cordillère des Andes. Il se conclut par une arrivée spectaculaire à la Porte du soleil (Inti Punku), offrant une vue magique sur le Machu Picchu à l'aube. Le parcours alterne escaliers incas, montagnes escarpées, forêts de nuages et ruines ancestrales, avec des passages culminant à plus de 4200 mètres d'altitude. Cette aventure se réalise en quatre jours et trois nuits.

L'altitude maximale du chemin de l'Inca se situe à 4200 mètres, au col de Warmiwañusqa (aussi appelé *Dead Woman's Pass*). Cette élévation peut être comparée à celle de plusieurs montagnes emblématiques à travers le monde. En voici quelques exemples :

1. Le mont Whitney (États-Unis) – 4421 mètres

Plus haut sommet des États-Unis continentaux (hors Alaska), situé dans la Sierra Nevada, en Californie. Une montagne mythique pour les randonneurs nord-américains.

2. Le dôme du Goûter (France) – 4304 mètres

Sommet emblématique du massif alpin du Mont-Blanc, sur la voie normale menant à son sommet. Bien connu des alpinistes européens.

3. Le Weissmies (Suisse) – 4017 mètres

Situé dans les Alpes valaisannes, ce sommet est l'un des plus accessibles parmi ceux dépassant les 4000 mètres et est très apprécié des alpinistes débutants.

4. Le mont Rainier (États-Unis) – 4392 mètres

Volcan majestueux de l'État de Washington, souvent visible depuis Seattle. Il est l'un des plus emblématiques sommets du Nord-ouest américain.

Lorsque l'on atteint le col de Warmiwañusqa à 4200 mètres d'altitude, le souffle se fait court, le cœur bat fort et chaque pas devient un acte de volonté. Ce n'est pas rien. On entre dans une zone où peu de choses poussent, où l'air se raréfie et où la vision s'élargit presque spirituellement.

Ce contexte, nous le partageons avec vous pour vous situer symboliquement sur votre propre chemin d'ascension vers la conquête de votre Everest financier. Nous amorçons ici cette montée pas à pas avec foi et détermination en tirant de cette expérience de puissantes leçons de leadership, que nous mettrons ensuite en œuvre avec vous.

Avant même de poser le pied sur les pavés ancestraux du chemin de l'Inca, nous avions une idée simple en tête : vivre cette aventure comme une métaphore vivante de notre parcours à la fois personnel et professionnel. Nous n'étions pas là par hasard. Chaque pas que nous allions poser sur cette terre sacrée portait une intention : explorer nos limites, tester notre complicité et ressentir physiquement ce que nous vivons chaque jour dans notre travail d'accompagnement.

Marcher côte à côte, dans le souffle et le silence, était aussi une façon de nous reconnecter au rythme du corps, à l'écoute de l'autre et à la capacité de se soutenir mutuellement dans l'inconfort. Nous savions que cette randonnée serait bien plus qu'un défi physique. Elle allait nous offrir des leçons précieuses sur l'endurance, la confiance et l'adaptation.

La montée s'est intensifiée à mesure que nous approchions du col de Warmiwañusqa. Le chemin de pierre semblait se dérouler à l'infini, serpentant à travers les montagnes brumeuses, entre des parois vertigineuses et des vallées tapissées de nuages. L'altitude se faisait sentir : les pas devenaient plus lents, le souffle plus court. Le silence, presque sacré, n'était troublé que par nos respirations et le vent des hauteurs.

À un moment donné, un vertige passager nous a saisis, comme si nous étions suspendus entre ciel et terre. La pente devenait plus raide, le sentier plus étroit, et nos jambes tremblaient sous l'effet conjugué de la fatigue et de l'altitude.

Sentant l'hésitation nous gagner, nous nous sommes encouragés mutuellement à ne pas lâcher. Un regard, quelques mots simples – « Respire. On est presque là. Tu l'as déjà fait, ce genre de montée. » – ont suffi à retrouver notre souffle et à recentrer nos pensées.

Ensemble, nous avons poursuivi notre ascension un pas après l'autre, portés par la confiance, la force tranquille de notre lien et cette précieuse complicité qui grandit à chaque sommet partagé.

Bien que toujours exigeant, le reste du chemin s'est déroulé dans une forme de calme intérieur. Nos corps fatigués portaient l'empreinte de l'effort, mais aussi la satisfaction d'avoir progressé ensemble, en équilibre, portés par nos forces complémentaires.

Ce périple n'avait rien d'une simple randonnée. Il offrait une image vivante de la manière d'accompagner les clients. Comme sur ce sentier inca, l'ascension financière exige de l'endurance, de la lucidité et un soutien attentif à chaque étape. Dans les moments de doute ou de découragement, le rôle de l'accompagnant est d'être là : ni devant ni derrière, mais juste à côté, pour rappeler que le sommet est à portée et que personne n'est seul dans l'effort.

> *« L'ascension financière, comme celle d'une montagne, est un voyage parsemé de défis et de moments de doute, mais chaque pas vous rapproche de la satisfaction d'atteindre le sommet. »*

Cette aventure est ainsi devenue une métaphore de la complémentarité. Ensemble, une équipe soudée se dessine, capable de relever des défis de taille aussi bien dans la vie personnelle que dans l'accompagnement des clients. À l'image de guides de haute montagne, le soutien s'offre pas à pas, l'approche s'adaptant avec justesse et humanité en fonction des besoins spécifiques de la clientèle.

De façon plus précise, les leçons de leadership tirées de cette expédition au Pérou sont riches d'enseignements et offrent des parallèles directs avec le thème de l'ascension financière. En voici quelques-unes, en parfaite cohérence avec l'approche de l'accompagnement financier.

1) L'importance de la préparation et de la planification stratégique

Comme pour une expédition en haute montagne, la réussite financière repose d'abord sur une préparation rigoureuse. Avant même de poser le pied sur le sentier, il faut anticiper les besoins, vérifier l'équipement, évaluer les conditions climatiques et tracer un itinéraire réaliste.

De même, dans le domaine financier, tout commence par un plan stratégique bien structuré. Celui-ci permet d'anticiper les imprévus, de fixer des objectifs clairs et de garantir une trajectoire solide pour atteindre le sommet.

Pour renforcer la posture à ce stade, une question mérite réflexion : « Ai-je bien défini mes objectifs financiers à long terme et mis en place un plan stratégique pour anticiper les obstacles, comme je le ferais avant d'entreprendre une expédition en montagne ? »

2) S'adapter aux imprévus et à la complexité du terrain

Malgré une préparation rigoureuse, l'expédition a été ponctuée d'obstacles inattendus : des pentes plus abruptes que prévu, des conditions météorologiques changeantes, des passages plus exigeants qu'anticipés. Cette expérience rappelle une vérité essentielle, à appliquer chaque jour au travail : la meilleure stratégie reste vulnérable si elle ne peut s'adapter.

En tant que leaders financiers, il est crucial de faire preuve de flexibilité. Le marché, à l'instar de la montagne, reste imprévisible. Les décisions qui semblaient optimales hier doivent parfois être ajustées aujourd'hui. Un bon leader financier sait lire le terrain en temps réel, revoir les plans au besoin et guider les clients avec calme et discernement, même dans les turbulences.

À la lumière de cette leçon, ces questions méritent d'être posées : « Comment est-ce que je réagis face aux imprévus dans ma vie financière ? Suis-je en mesure de rectifier rapidement mes décisions et mes stratégies pour continuer d'avancer, même dans l'incertitude ? »

3) Le leadership collaboratif et la complémentarité des forces

Tout au long de l'ascension, une vérité s'est rapidement imposée : le sommet n'aurait jamais été atteint sans une collaboration étroite et un soutien mutuel constant. Lorsqu'un signe de fatigue ou une difficulté apparaissait chez l'un, l'autre prenait le relais. Cette dynamique reflète parfaitement la vision du leadership en gestion financière : chacun possède ses forces et ses faiblesses, et il importe de savoir quand prendre les devants et quand laisser le partenaire ou l'équipe diriger.

Dans notre pratique, nous croyons profondément en la force du leadership partagé. Chacun possède des compétences, des angles morts et des zones d'excellence. Savoir les reconnaître et les mettre en commun est essentiel, tant au sein des équipes qu'avec nos clients.

Pour évaluer la situation actuelle, il convient de se poser cette question : « Les personnes qui m'entourent me permettent-elles réellement de gagner du temps et de me concentrer sur ce qui est le plus stratégique et porteur de valeur pour moi ? »

Au-delà des compétences techniques, le véritable enjeu est de s'entourer de personnes capables de délester des éléments complexes afin de libérer du temps et de l'énergie. Il ne s'agit pas seulement de recevoir des conseils, mais de créer un écosystème dans lequel on peut se concentrer sur l'essentiel. Comme le souligne Dan Martell dans *Buy Back Your Time*, il ne suffit pas de déléguer. Il faut reprendre le contrôle de notre temps pour le réinvestir là où il aura le plus d'impact.

4) Gérer le découragement et rester concentré sur l'objectif final

Au cours de la randonnée, des moments de fatigue et de découragement ont été traversés. La tentation de s'arrêter était forte, mais l'objectif du sommet a permis de garder le cap. En leadership financier, il arrive que les clients – et même les leaders eux-mêmes – connaissent des périodes de doute.

La clé réside dans la capacité à maintenir une vision à long terme, à recentrer les efforts et à se rappeler que chaque étape, difficile ou non, nous rapproche du sommet. Un bon leader sait motiver et encourager ses troupes et ses clients à persévérer, même lorsque le chemin semble interminable.

Voici une question à se poser pour évaluer l'aide et l'accompagnement reçus : « Lorsque je traverse des périodes de doute ou de découragement sur le plan financier, mes conseillers m'aident-ils réellement à garder mes objectifs à long terme en vue et à recentrer mes efforts pour surmonter les obstacles ? »

5) Le rythme personnalisé et le respect des capacités individuelles

Lors de l'expédition, il est rapidement apparu que les rythmes n'étaient pas les mêmes. Pour atteindre le sommet ensemble, la cadence a dû être ajustée en fonction des capacités respectives. Ce principe s'applique aussi au leadership financier, où chaque client progresse à son propre rythme.

En tant que leaders, nous devons adapter notre accompagnement pour respecter le rythme unique de chaque individu ou organisation. Il ne s'agit pas de pousser tout le monde à avancer à la même vitesse, mais bien d'accompagner chacun dans sa progression en tenant compte de ses forces, de ses limites et de ses aspirations.

Après cette lecture, voici une question pertinente à se poser : « Mes conseillers respectent-ils ma cadence unique et adaptent-ils leur accompagnement en fonction de mes capacités, de mes forces et de mes faiblesses, tout en m'aidant à progresser à mon propre rythme vers mes objectifs ? »

6) Soutenir et rassurer dans les moments de peur ou de doute

À plusieurs reprises durant l'ascension, la peur et les doutes sont apparus face à l'effort physique ou à certains passages plus dangereux. Le leadership consiste précisément à offrir un soutien moral lors de ces moments critiques.

En finance, les périodes de doute sont fréquentes, surtout lorsque des décisions majeures doivent être prises. Nous avons appris que notre rôle de leaders est de rassurer nos clients, de leur démontrer que les défis peuvent être surmontés et de les aider à transformer leurs peurs en actions constructives. Être un leader, c'est incarner ce pilier de confiance qui permet à l'autre de persévérer.

Qu'en penser ? Pour évaluer l'aide reçue ou celle souhaitée, il convient de se poser la question suivante : « Mes conseillers sont-ils des piliers de confiance lors des moments de doute, me rassurant et m'aidant à transformer mes peurs en actions constructives pour continuer à avancer vers mes objectifs ? »

7) L'importance de célébrer les petites victoires en chemin

Chaque étape franchie, chaque obstacle surmonté représentait une petite victoire, une source de motivation pour poursuivre. En leadership financier, célébrer chaque progrès, aussi minime soit-il, est essentiel. Qu'il s'agisse de la réalisation d'un objectif d'épargne, du franchissement d'une étape clé dans un projet ou d'une bonne gestion en période économique difficile, ces victoires doivent être reconnues afin de maintenir la motivation et renforcer la confiance.

Pour évaluer la capacité à célébrer les réussites, il peut être utile de réfléchir à la question suivante : « Est-ce que je prends le temps de reconnaître et de célébrer mes petites victoires financières, et est-ce que mes conseillers m'aident à valoriser ces étapes pour renforcer ma motivation et ma confiance en vue d'atteindre mes objectifs ? »

8) La vision commune et le partage d'un objectif final

Tout au long de l'ascension, une vision commune a été maintenue : atteindre le sommet ensemble. Cette vision partagée a permis de rester unis dans les moments difficiles. En leadership financier, il est important de clarifier et de partager une vision avec les équipes et les clients. Chacun doit comprendre et adhérer à l'objectif final pour que le travail collectif soit fructueux. Le leadership ne consiste pas seulement à guider, mais aussi à inspirer et à faire en sorte que chaque personne se sente pleinement partie prenante de l'atteinte du sommet.

Selon le type d'aide et d'accompagnement souhaité, une question pertinente peut être posée : « Mes conseillers et moi partageons-nous une vision claire et commune de mes objectifs financiers, et est-ce que je me sens pleinement engagé dans ce processus pour que nous atteignions ce sommet ensemble ? »

En conclusion, l'expédition en montagne a permis de renforcer la compréhension du leadership en tant que processus d'accompagnement, d'adaptation et de soutien. Tout comme la progression s'est faite pas à pas sur le chemin de l'Inca, ces mêmes principes s'appliquent dans l'accompagnement des clients vers leur propre ascension financière. Il se déploie à travers les défis, apporte de l'encouragement dans les moments de doute et s'adapte en fonction du rythme de chacun, tout en conservant une vision claire du sommet à atteindre.

En tant que partenaires, cette aventure a renforcé la cohésion et confirmé la pertinence de la méthode de travail partagée. L'expérience a permis de mieux saisir l'importance de la préparation, de la résilience et du soutien mutuel – des qualités essentielles aussi bien en montagne que dans l'univers financier.

Au-delà de ce témoignage, il est maintenant temps de réfléchir au parcours pour gravir le sommet financier avec succès. Pour adopter une posture proactive et équilibrée, il faut :

- Clarifier les objectifs à long terme et s'assurer qu'ils soient bien définis.
- S'entourer de conseillers qui respectent le rythme de progression et offrent un soutien face aux imprévus.

- Reconnaître et célébrer chaque étape franchie, même les plus petites, car elles renforcent la motivation et aident à bien progresser.
- Enfin, partager une vision commune avec les conseillers et s'engager activement dans le processus d'ascension, tout en restant flexible et prêt à adapter les plans en fonction des réalités du terrain.

Dès maintenant, l'invitation est lancée à entreprendre cette aventure et à gravir les sommets de la réussite financière en toute confiance, avec la certitude de pouvoir compter sur une présence constante à chaque étape du chemin.

Flexibilité et résilience : s'adapter aux réalités changeantes

Lorsqu'il est question de croissance entrepreneuriale, il est naturel d'établir un parallèle avec les trajectoires vécues sur le terrain. L'expertise en placements et en gestion de patrimoine ne se construit pas en vase clos : elle se développe à travers une compréhension intime des étapes que franchissent les entrepreneurs au fil de leur parcours.

Dans de nombreuses situations, les conseillers sont appelés à accompagner des leaders à des moments charnières de leur développement. À titre d'exemple, un entrepreneur récemment rencontré approchait le cap du million en actifs. Son entreprise connaissait une forte expansion, mais des enjeux de structuration ralentissaient sa progression. Il avait conscience qu'une nouvelle phase devait s'amorcer, sans savoir comment y entrer de manière stratégique.

Ce type de transition est fréquent. Dans de tels contextes, l'intervention vise à offrir des repères clairs, des outils adaptés et un cadre de réflexion cohérent, aussi bien sur le plan financier qu'humain.

L'approche ne se limite jamais à la gestion des chiffres. Derrière chaque donnée financière se cache une intention, une vision, une dynamique de vie. C'est en tenant compte de ces dimensions humaines que les solutions gagnent en justesse et en pertinence. Un entrepreneur accompagné récemment l'a exprimé en ces termes : « Vous comprenez mieux mes objectifs que ma banque. » Ce commentaire illustre l'importance d'un accompagnement fondé à la fois sur la rigueur et sur l'écoute. C'est ce qui nous motive et stimule.

Dans cette perspective, l'accompagnement offert ne découle pas d'une posture d'observateur extérieur, mais bien d'une expérience vécue de l'intérieur. Cette immersion au sein des réalités entrepreneuriales favorise une compréhension authentique des défis auxquels nos clients sont confrontés. La gestion des finances, la croissance d'une entreprise, les décisions stratégiques à long terme… tout cela forme un ensemble complexe à équilibrer. Ce positionnement nous permet de guider avec justesse en proposant des solutions concrètes, issues de leur propre expérience.

« La croissance entrepreneuriale est une expédition où chaque étape demande d'adapter son rythme, de garder le cap sur l'objectif et d'affronter l'imprévu avec résilience. »

Notre expédition au Pérou illustre parfaitement la complémentarité et la dynamique qui peuvent exister dans une relation de confiance. Durant cette ascension, certains moments ont été marqués par la fatigue ou le découragement ; lorsque l'un faiblissait, l'autre prenait le relais.

Cette logique de relais et de soutien s'apparente à ce qui se vit dans l'accompagnement entrepreneurial. Il s'agit de savoir quand être présent, quand offrir un appui et quand encourager quelqu'un à dépasser certaines limites. Une telle expérience constitue une métaphore puissante de la croissance : avancer à son rythme et garder le cap sur l'objectif, tout en faisant face à l'imprévu.

Dans ce contexte, **l'état d'esprit de croissance** joue un rôle fondamental. Pour un entrepreneur, chaque obstacle devient une occasion d'apprentissage. Cette posture permet de rester agile face aux défis – notamment financiers – et d'adapter les stratégies en conséquence. C'est précisément ce type de flexibilité qui fonde un accompagnement efficace où l'on propose des conseils personnalisés, en accord avec la réalité particulière de chaque individu, plutôt que des solutions standardisées.

L'accompagnement couvre aussi des situations complexes, comme celles de personnes détenant des avoirs dans plusieurs pays et devant naviguer entre différentes juridictions financières. Grâce à un réseau de partenaires fiables et spécialisés, il devient possible d'apporter des solutions efficaces à ces enjeux transnationaux qui pourraient autrement s'étirer sur des mois. Ce type d'accompagnement repose sur la capacité à mobiliser rapidement les bons leviers, à coordonner les aspects fiscaux, juridiques et patrimoniaux, tout en conservant une vision claire et cohérente des objectifs globaux.

La croissance, qu'elle soit personnelle ou entrepreneuriale, s'accompagne souvent de doutes. Comme sur un sentier de haute montagne, il arrive que l'on se demande si l'on parviendra jusqu'au bout. Lors de ces moments, le véritable leadership ne se révèle pas en supprimant la peur, mais en avançant malgré elle. Dans de tels contextes, le rôle d'un conseiller consiste à aider à traverser ces passages critiques en offrant une perspective claire et rassurante.

Tout cela repose sur un cadre de confiance mutuelle où les décisions peuvent être prises avec lucidité. L'objectif n'est pas seulement de guider, mais de créer un environnement où chaque personne accompagnée se sent en sécurité pour réfléchir, choisir et progresser. L'ascension vers la réussite financière ressemble à bien des égards à celle d'une montagne, car elle exige de la préparation, de l'endurance, des ajustements constants, et parfois la simple certitude de ne pas être seul.

Ce qui fait la différence lors d'un accompagnement durable, c'est l'alliance entre une expérience entrepreneuriale vécue et une expertise solide en placements et en gestion de patrimoine. Comprendre les enjeux réels liés à la croissance et savoir ce que représente une décision difficile ou un virage stratégique permet d'offrir bien plus que des réponses techniques. Cela offre une présence fiable, au service d'une vision à long terme. Voilà les principes que nous pratiquons auprès de nos clients.

Unir nos forces pour atteindre des objectifs communs

Travailler avec une équipe expérimentée, c'est choisir de s'entourer de quelqu'un qui a déjà franchi les étapes de l'ascension vers la stabilité et la croissance financières. L'expérience acquise en chemin permet de mieux anticiper les obstacles, de comprendre les doutes qui peuvent surgir et mettre au point la stratégie en fonction de la réalité du terrain. Chaque étape compte, c'est pourquoi un bon accompagnement peut faire toute la différence.

Dans une équipe de gestion de patrimoine, le conseiller joue un rôle comparable à celui d'un quart-arrière financier : une figure stratégique qui garde une vision d'ensemble, orchestre les actions, anticipe les embûches et rectifie les décisions en temps réel pour protéger les acquis et atteindre les objectifs. Mais au-delà de cette analogie sportive, c'est celle du guide de montagne qui illustre le mieux la mission d'accompagnement dans le contexte d'une ascension financière : avancer pas à pas, adapter le rythme, sécuriser chaque passage, tout en gardant le sommet bien en vue.

Comme un chef d'expédition en haute altitude, le quart-arrière financier veille à chaque étape du parcours en analysant le terrain, en adaptant l'itinéraire selon les conditions changeantes et en mobilisant les bons experts pour franchir les passages les plus complexes. Ce rôle, hautement stratégique, assure la cohérence des décisions, la sécurité de la progression et la fluidité nécessaire pour avancer sereinement vers le sommet financier. Plus qu'un simple gestionnaire d'actifs, il agit comme un pilier central, orchestrant chaque mouvement avec précision tout en maintenant une vision claire des objectifs à long terme.

Voici l'approche proposée pour structurer une excellente ascension financière en limitant les risques et en optimisant les possibilités. Elle repose sur une posture de coordination stratégique qui dépasse les simples conseils techniques pour s'incarner dans une vision claire, durable et parfaitement en accord avec les aspirations des clients. Cette posture exige une compréhension fine des enjeux propres à chaque situation financière.

Pour la soutenir, nous mettons en place une structure éprouvée : **la roue multidisciplinaire**, pensée comme un outil d'orchestration rigoureuse au service d'un parcours d'ascension cohérent et personnalisé.

À l'image de cette roue, l'approche de gestion du patrimoine repose sur une orchestration stratégique de l'ensemble des leviers essentiels de votre vie financière. Au cœur de ce dispositif, notre équipe agit comme quart-arrière, en étroite collaboration avec vous, tout en coordonnant un écosystème d'experts : avocats corporatifs (1), fiscalistes (2), comptables (3), consultants en ressources humaines (4), experts en avantages sociaux (5), courtiers hypothécaires (6), spécialistes en protection du patrimoine familial et des actifs contre les risques potentiels (7), experts en planification successorale (8) et banquiers d'affaires et personnels (9).

Parmi eux, les fiscalistes (2) occupent un rôle particulièrement central et stratégique dans l'optimisation du patrimoine des entrepreneurs que nous accompagnons. Leur mission dépasse largement la production de déclarations fiscales ou le respect des obligations réglementaires : ils transforment la fiscalité en véritable levier de création de richesse. Ce qui importe, c'est de pouvoir s'appuyer sur une veille fiscale continue, intégrée à une stratégie globale, et non sur des interventions ponctuelles ou isolées.

L'objectif ultime de cette expertise est de maximiser la valeur nette accumulée en réduisant efficacement la charge fiscale. Les économies ainsi dégagées peuvent alors être réinvesties de façon ciblée dans la croissance et la pérennisation du patrimoine.

Les fiscalistes analysent minutieusement les structures juridiques et financières afin d'identifier les possibilités d'économies d'impôt et de prévenir les écueils fiscaux potentiellement coûteux. Des décisions comme le choix entre dividendes et salaires, ou encore la structuration des revenus – qu'il s'agisse de gains en capital, de revenus passifs ou d'autres sources – peuvent avoir un impact significatif sur la fiscalité personnelle et corporative.

Ils interviennent également dans des situations plus complexes, telles que les transferts intersociétés, le versement du compte de dividendes en capital ou encore l'exploitation stratégique de pertes dans une entité du groupe pour générer des avantages fiscaux ailleurs dans l'organigramme. Leur rôle devient d'autant plus crucial lors de la vente d'actifs ou d'entreprises, où une planification rigoureuse permet de maximiser la déduction pour gains en capital et d'éviter des inefficiences coûteuses.

Il est important de retenir qu'une approche fiscale proactive et continue permet de préparer en amont l'ensemble des événements de liquidité à venir, et ce, quelle que soit la complexité de la structure corporative de l'entrepreneur.

L'optimisation fiscale vise également la protection des actifs et la planification successorale. Fiducies, roulements intergénérationnels et polices d'assurance corporatives font partie des outils couramment utilisés pour réduire l'impact fiscal lors de la transmission. Ce travail en amont permet de préserver l'intégrité du patrimoine et de le rendre pleinement disponible pour les générations futures. Trop souvent, en l'absence de planification, une partie – voire la totalité – d'une entreprise ou d'un parc immobilier doit être vendue pour acquitter la facture fiscale au décès.

De plus, l'équipe fiscale agit comme un rempart dans un environnement en constante évolution. Elle surveille de près les réformes, les mesures incitatives et les modifications réglementaires afin d'adapter rapidement ses stratégies. Cette approche proactive permet de garantir que chaque décision demeure conforme, efficace et en adéquation avec les objectifs globaux du client.

En travaillant main dans la main avec les gestionnaires de patrimoine et les autres experts de l'écosystème, les fiscalistes assurent une cohérence optimale entre la stratégie d'investissement, l'optimisation fiscale et la protection patrimoniale. Leur rôle est indispensable pour maximiser le rendement net réel et veiller à ce que chaque dollar investi contribue efficacement aux ambitions de l'entrepreneur, aujourd'hui comme demain.

Enfin, chacun des partenaires représentés dans la roue multidisciplinaire constitue un rayon de soutien essentiel lorsqu'il est activé au moment opportun et dans une séquence judicieuse. Cette approche permet d'établir une architecture financière cohérente, durable et adaptée à chaque réalité. Elle offre un accompagnement fluide, multidimensionnel et en accord avec les ambitions propres à chaque parcours d'ascension.

Cette approche ne serait toutefois rien sans les humains qui la rendent vivante. En effet, au-delà des stratégies et des outils, ce sont les leaders sur le terrain qui incarnent cette vision au quotidien. Grâce à leur capacité à orchestrer avec justesse les différents experts impliqués, ils transforment une architecture complexe en un accompagnement profondément humain et précis.

En somme, un accompagnement de qualité en placements et en gestion de patrimoine repose sur une combinaison essentielle de rigueur, d'empathie et d'une attention méticuleuse aux détails. Lorsqu'il s'agit de répondre à des besoins complexes – comme la structuration de patrimoines transnationaux ou la coordination entre plusieurs experts fiscaux et juridiques –, la capacité à prendre le temps de bien comprendre la situation globale, les objectifs de vie et les préoccupations profondes de chaque client peut faire toute la différence.

Plutôt que d'opter pour des solutions toutes faites, l'approche optimale mobilise les ressources nécessaires pour élaborer des stratégies personnalisées et durables. Dans ce processus, la qualité du suivi constitue un critère déterminant. Un accompagnement efficace ne se limite pas à déléguer des tâches ou à attendre passivement des résultats. Il veille à ce que chaque intervenant comprenne clairement les attentes, que le dossier progresse de manière structurée et que les délais soient rigoureusement respectés. La transparence, la régularité des communications et la clarté des échanges sont essentielles pour instaurer – et maintenir – un climat de confiance durable.

Un leadership efficace en gestion de patrimoine se reconnaît à cette capacité à allier rigueur stratégique et accompagnement humain. Chaque client mérite d'être guidé par des professionnels proactifs qui ne laissent rien au hasard. Au-delà des compétences techniques, l'essentiel réside dans la manière dont chaque décision est expliquée, encadrée et en accord avec des objectifs réels. L'accompagnement doit permettre au client de se sentir écouté, soutenu et impliqué à chaque étape.

L'un des piliers de cette approche est la créativité stratégique, c'est-à-dire la capacité de sortir des cadres traditionnels pour explorer des solutions innovantes et adaptées à des situations parfois inédites. Il s'agit de personnaliser chaque intervention, tout en maintenant une vision globale et cohérente, afin de garantir que chaque élément s'intègre harmonieusement à la trajectoire patrimoniale du client.

Cette approche valorise également la synergie entre les différents intervenants. Loin de considérer chaque action comme une tâche isolée, elle orchestre des savoir-faire complémentaires pour former un tout cohérent, fluide et résolument orienté vers les résultats. C'est cette capacité à unir les expertises tout en gardant un cap clair qui permet d'élaborer des stratégies patrimoniales durables.

Un accompagnement de qualité ne se limite pas à répondre aux besoins exprimés. Il anticipe les enjeux à venir, détecte les points sensibles avant qu'ils ne deviennent problématiques et conçoit des solutions innovantes, tout en restant centré sur l'humain. Cette approche globale – à la fois technique, relationnelle et émotionnelle – permet d'instaurer une profonde confiance et d'assurer des résultats optimaux.

De toute évidence, l'ascension financière s'apparente à la conquête d'un sommet exigeant, car elle requiert une préparation rigoureuse, une résilience face aux imprévus et une vision stratégique à long terme. Comme l'alpiniste qui s'entoure d'une équipe expérimentée pour atteindre les hauteurs, la réussite financière s'appuie sur un accompagnement multidisciplinaire et sur des décisions éclairées à chaque étape du parcours. Or, atteindre le sommet ne marque pas la fin de l'aventure. En fait, c'est le début d'un nouveau type de défi : celui de l'altitude. À plus de 8 000 mètres, le moindre faux pas peut s'avérer fatal. Le manque d'oxygène altère le jugement et il devient difficile de conserver la lucidité nécessaire pour redescendre en toute sécurité.

En ce qui concerne le domaine financier, cette réalité prend une autre forme. Une fois un certain niveau de richesse atteint, de nouveaux risques émergent. La tentation d'un train de vie en constante élévation, connu sous le nom d'inflation du style de vie, peut fragiliser la stabilité patiemment bâtie.

Maintenir sa richesse exige autant de discipline et de lucidité que les efforts déployés pour l'acquérir. À haute altitude, il ne s'agit plus seulement d'avancer, mais de savoir s'ancrer, gérer ses ressources avec soin et éviter les excès qui pourraient compromettre l'équilibre. Une ascension financière durable repose ainsi sur la capacité à demeurer fidèle à sa vision, à faire des choix en cohérence avec ses valeurs et à continuer de s'entourer des bons alliés pour ne pas se perdre une fois le sommet atteint.

Ce chapitre a mis en lumière les parallèles entre notre expédition en montagne et le parcours financier de nos clients, notamment pour :

1. La nécessité d'une préparation rigoureuse ;
2. L'adaptation des stratégies aux conditions changeantes ;
3. La gestion prudente des risques ;
4. Le courage de poursuivre malgré les incertitudes ;
5. La célébration des petites victoires ;
6. La capacité à garder le cap sur l'objectif final.

Pour bien intégrer les enseignements de ce chapitre, voici trois questions à vous poser, sous forme de premiers pas concrets vers votre ascension financière :

1. Quel petit changement puis-je mettre en place dès aujourd'hui dans ma gestion financière pour me rapprocher de mes objectifs à long terme ?

2. Quels experts ou ressources pourrais-je mobiliser dès maintenant pour m'entourer des bonnes personnes et gravir les prochains sommets financiers ?

3. Comment puis-je mieux gérer les risques liés à mes investissements actuels, tout en continuant d'avancer avec confiance malgré les incertitudes ?

Agir en tant que guides et quarts-arrière financiers, c'est offrir un accompagnement structuré à chaque étape du parcours en alliant soutien, conseils personnalisés et clarté quant aux objectifs à long terme. Chaque phase de l'ascension est pensée pour favoriser des décisions éclairées et cohérentes avec une vision durable de la réussite. Votre ascension ne s'arrête pas au sommet ; elle se prolonge dans la gestion de vos acquis, la préparation de la transmission de votre patrimoine et la constitution d'une sécurité financière pour les générations à venir.

Rappelez-vous que pour conquérir votre Everest financier, chaque pas compte. Mis bout à bout, ces pas vous mèneront vers vos premiers sommets. Au départ, ceux-ci vous sembleront peut-être vertigineux. C'est bon signe, car la peur, bien apprivoisée, devient souvent un tremplin vers la croissance et l'émergence d'une meilleure version de vous-même. Oui, chaque pas compte, chaque montagne aussi.

Savez-vous combien de pas il faut pour gravir l'Everest ? La réponse pourrait vous surprendre : environ 58 070 pas. Si la plupart des gens connaissaient ce chiffre avant de commencer, beaucoup abandonneraient avant même d'avoir posé le premier pied sur le sentier.

Cet exemple illustre bien la réalité de l'ascension financière. Au-delà des objectifs et des sommets visés, tout repose sur un principe fondamental : **avancer un pas à la fois**. L'accompagnement se déploie tout au long de cette progression. L'atteinte des résultats s'appuie d'abord sur la discipline de progresser et d'oser franchir les limites pour éviter que celles-ci ne finissent par définir le parcours.

Retenez que gravir l'Everest ne se fait jamais en une seule étape, tout comme bâtir votre liberté financière. Chaque sommet atteint est le fruit d'une série de petits pas, de décisions cohérentes et d'objectifs bien définis. Pour que l'ascension demeure motivante et atteignable, il est essentiel de fragmenter le chemin.

Tout commence par une vision planifiée sur dix ans, avec un sommet clair et ambitieux qui donne le cap. Ce n'est pas un simple rêve, mais une boussole stratégique qui guide chaque décision. Cette vision ultra ambitieuse à long terme peut consister, par exemple, à tripler son patrimoine, réaliser une sortie majeure ou bâtir un empire familial.

À partir de ce sommet, on décline ensuite des objectifs intermédiaires sur cinq ans, comme consolider vingt portes immobilières ou atteindre cinq millions d'actifs. Puis, la vision se traduit en un plan d'action annuel : mettre en place une stratégie d'investissement régulière, réinvestir systématiquement les dividendes et optimiser la fiscalité.

Chaque année se divise en objectifs trimestriels – de véritables « camps d'altitude » – qui permettent d'avancer méthodiquement : acquisition clé, lancement de projet, audit stratégique. Enfin, le rythme mensuel et hebdomadaire affine encore le plan : rectifier les actifs, rencontrer l'équipe fiscale, signer un contrat, optimiser un coût.

Chaque action, même minime, s'intègre à cette grande vision. L'ambition devient discipline et rien n'est laissé au hasard. Le secret ? Exécuter chaque jour avec rigueur pour transformer la vision en réalité.

Tout client doit avoir un plan, car c'est la base d'une ascension financière réussie. Sans plan, les intentions s'évaporent. Avec un plan clair, chaque pas rapproche du sommet. Ne pas planifier, c'est se vouer à l'échec.

Cette approche structurée permet de garder le cap et de célébrer les progrès en cours de route. En identifiant dès maintenant un petit pas qui vous procure à la fois plaisir et clarté, vous enclenchez une dynamique qui renforce la confiance. À chaque jalon franchi, sachez qu'un accompagnement fiable peut faire toute la différence pour rectifier la trajectoire, maintenir le rythme et préserver l'élan.

Selon ce qui a été exposé dans ce chapitre, quel pas vous semble le plus accessible ? Nous vous invitons à identifier un pas simple à effectuer, qui vous procurera du plaisir et vous encouragera à poursuivre votre chemin. Sachez que nous sommes là pour vous accompagner à chaque étape que vous franchirez à partir de maintenant.

Le leadership ne consiste pas seulement à vous guider vers le sommet, mais à vous donner les outils et la confiance nécessaires pour que vous puissiez gravir votre propre montagne avec détermination et succès.

CHAPITRE 2

L'art de l'indépendance financière : une ascension collective et consciente

« L'indépendance financière est un sommet que l'on atteint ensemble, en élevant le potentiel de chacun pour redéfinir le possible. »

L'indépendance financière. Deux mots qui évoquent tant de choses à la fois : la liberté de choisir, de créer et d'agir sans être contraint par les limites imposées par les ressources matérielles. Pourtant, cette liberté ne se décrète pas, elle se construit. Comme tout sommet digne de ce nom, elle requiert un cheminement vers une exploration intérieure et extérieure.

Dans ce chapitre, nous vous invitons à envisager l'indépendance financière non pas comme une finalité chiffrée, mais comme un levier d'expansion personnelle, un territoire à habiter pleinement. Nous vous dévoilerons les fondements de notre approche : une vision intégrée, vivante et en lien avec vos aspirations les plus profondes.

Ce n'est pas seulement votre portefeuille qui mérite de croître, c'est aussi votre capacité à effectuer des choix cohérents, stratégiques et durables. Nous verrons comment élever cette autonomie en cultivant une posture intérieure solide et en tissant un écosystème de relations conscientes.

L'indépendance financière devient alors un acte d'harmonisation entre vos choix, vos valeurs et votre vision. Autrement dit, un espace de maîtrise et de créativité. Un engagement à gravir les versants uniques de votre Everest financier à votre manière.

Bien avant d'être visible dans vos résultats, votre sommet commence dans votre esprit. Gravir son Everest financier ne commence ni par un plan fiscal ni par une stratégie de placement. Tout débute par ce que nous appelons l'état d'esprit de croissance en haute altitude.

Ce type d'état d'esprit constitue le moteur intérieur de toute transformation durable, le levier invisible de votre ascension financière. C'est lui qui détermine si vous restez au camp de base ou si vous osez franchir les premiers pas de l'ascension.

Notamment, Carol Dweck, psychologue à l'Université Stanford et auteure du célèbre ouvrage *Mindset: The New Psychology of Success*, démontre que les personnes adoptant un état d'esprit orienté vers la croissance sont plus résilientes, prennent de meilleures décisions financières et possèdent une plus grande capacité à tirer parti de l'échec pour rebondir avec agilité. Ses recherches ont d'ailleurs été intégrées aux programmes de formation en leadership de plusieurs universités renommées aux États-Unis, telles que Harvard, Yale et Wharton.

Concrètement, cela signifie que vous pouvez disposer des meilleures stratégies financières, des outils de placement les plus performants ou d'un excellent revenu, mais sans état d'esprit orienté vers la croissance, vous risquez de plafonner. À l'inverse, avec une posture intérieure ancrée, lucide et courageuse, vous pouvez compenser bien des lacunes techniques et gravir des sommets que d'autres n'oseraient même pas envisager.

Vous l'avez vu au chapitre précédent : aucun sommet ne se conquiert seul. Cela est d'autant plus vrai lorsque l'endurance mentale est mise à l'épreuve. Nous croyons fermement qu'un investisseur a besoin d'alliés pour évoluer. De véritables guides financiers aguerris, capables d'élaborer des stratégies et de maintenir le cap lors de tempêtes émotionnelles.

Il n'est pas rare de croiser des entrepreneurs ou des investisseurs compétents, bien entourés et dotés de ressources de qualité. Pourtant, malgré ces atouts, ils restent freinés par des croyances profondément ancrées comme la peur de manquer, le besoin de tout maîtriser, ou encore l'impression de ne jamais être suffisamment prêts. Ces mécanismes invisibles – souvent inconscients – peuvent ralentir, voire compromettre, des projets pourtant prometteurs.

Le rôle d'un accompagnant ne se limite pas à la performance des placements. Il consiste aussi à rappeler que chacun est plus grand que ses peurs. Que les résultats ne dépasseront jamais la hauteur de la vision. Et que pour gravir l'Everest, la solidité intérieure compte autant que la préparation extérieure.

Avant de plonger dans l'architecture optimale de l'écosystème financier, prenons un moment pour revenir à la source : l'état d'esprit. Voici quelques questions puissantes à explorer, susceptibles de transformer votre manière de penser, de choisir et de réussir.

1. Et si ma réussite dépendait d'abord de ma capacité à croire en l'impossible ? Quelles ambitions ai-je mises de côté parce qu'elles semblaient irréalistes ? Et si c'était justement là que se trouvait mon véritable sommet ?
2. Ai-je le courage de sortir de ma zone d'expertise pour incarner ma zone de génie ? Suis-je prêt à investir dans ce qui pourrait me propulser, même si cela me sort de mes repères actuels ?
3. Quelles pensées ou habitudes freinent encore mon envol, malgré tout le savoir que j'ai accumulé ? Est-ce la peur de

l'échec ? Le perfectionnisme ? L'idée que je dois d'abord « tout maîtriser » avant d'agir ?

4. Est-ce que je privilégie l'accumulation de savoirs au détriment du passage à l'action ? Suis-je dans une logique de préparation perpétuelle ou dans un mouvement de véritable progression ?

5. Ai-je, dans mon entourage actuel, des alliés qui élèvent mon niveau de jeu ou qui le freinent ? Est-ce que je me sens stimulé, mis au défi, soutenu dans mon évolution, ou plutôt isolé dans mes décisions ?

L'état d'esprit n'est pas une simple couche de motivation éphémère. C'est une fondation intérieure invisible, mais essentielle. Un levier silencieux qui précède tout plan, toute stratégie. Un espace de vérité d'où émergent les grandes décisions. Si le sommet que vous visez vous intimide, sachez que c'est bon signe. Cela signifie qu'il en vaut la peine.

Au cours des pages suivantes, nous montrerons comment ériger un écosystème financier de qualité, étape par étape. Cependant, cette structure ne prendra tout son sens que si elle repose sur une posture intérieure ancrée, cohérente et vivante. C'est précisément là que commence la véritable ascension.

Un état d'esprit de croissance bien enraciné ouvre la voie, mais il ne suffit pas à lui seul pour gravir son Everest financier. La suite du chemin exige un ancrage plus vaste : celui d'un écosystème cohérent composé de relations fiables, d'alliances conscientes et d'un environnement qui soutient véritablement l'ascension. Même avec la meilleure posture intérieure, aucun sommet ne se conquiert sans une structure vivante autour de soi.

C'est dans cette optique que nous abordons la prochaine étape : comprendre comment établir des connexions stratégiques et durables, où chaque lien renforce la progression et alimente la vision à long terme.

Érigez une structure optimale pour vous aider

Bâtir un écosystème, c'est aller au-delà des simples partenariats ou collaborations pour favoriser une véritable synergie fondée sur des liens sûrs et vivants. Pour nous, chaque relation ou interaction contribue à renforcer l'ensemble.

Imaginez un réseau interconnecté où chaque idée, chaque action se nourrit mutuellement, créant ainsi un environnement propice à la fois à la croissance individuelle et à une progression collective.

Nous ne concevons pas nos relations professionnelles comme de simples alliances passagères, mais comme des éléments durables d'un écosystème en constante évolution et en renforcement continu. Dans notre pratique de la gestion financière, par exemple, nous nous engageons à entretenir des relations saines et pérennes en tissant des liens authentiques avec nos clients et des experts issus de divers domaines connexes.

Ainsi se tisse un réseau cohérent et fluide, où tous les échanges, les idées ou les perspectives partagés contribuent au développement global et au renforcement de la mission portée.

Notre approche de l'écosystème repose sur un principe fondamental : la collaboration active et l'ouverture aux idées d'autrui. Au cœur de cette dynamique se trouvent d'abord les clients investisseurs, véritables catalyseurs de sens et d'innovation. L'enjeu ne consiste pas seulement à partager nos propres idées, mais à rester pleinement réceptifs à celles qui émergent de leurs réflexions, tout comme de celles de nos collaborateurs et partenaires. Cette circulation constante d'énergie et de créativité favorise un développement harmonieux de l'écosystème et renforce la durabilité de chaque projet.

Cela rejoint une conviction profonde que l'interdépendance constitue une véritable source de richesse et de résilience. Un environnement fondé sur le partage et l'élévation mutuelle permet à chacun de grandir au contact des autres.

Plus encore, cette philosophie bénéficie directement aux clients. En favorisant l'évolution, l'apprentissage et l'intégration de points de vue variés, il devient possible d'offrir un accompagnement plus juste et des solutions réellement adaptées aux besoins exprimés.

Nous voyons dans cette approche une posture de bienveillance et de collaboration, inspirée d'exemples comme ceux de Nadal et Djokovic. Ces deux grands athlètes ont su démontrer que la vraie compétition ne se joue pas contre les autres, mais bien contre soi-même. L'un a tiré l'autre vers le haut, chacun se poussant à atteindre des niveaux qu'ils n'auraient jamais imaginés seuls. Ainsi, nous croyons fermement que les collaborations les plus fructueuses sont celles où les forces de chacun se complètent, où l'on peut repousser ensemble les limites.

Il ne s'agit pas simplement de résultats financiers ou de performances. Cette vision d'élévation mutuelle peut – et doit – s'appliquer à toutes les sphères de la vie. Qu'il s'agisse d'un projet d'équipe, d'une relation professionnelle ou d'une amitié, une question mérite d'être posée : « Comment puis-je m'élever en contribuant à l'élévation de ceux qui m'entourent ? » En adoptant une telle posture, la réussite collective devient bien plus que la somme des réussites individuelles.

Cette vision de l'écosystème s'oppose à l'idée d'une compétition qui rabaisse ou isole. Nous croyons que chacun peut apporter quelque chose de précieux et que c'est en cultivant ces apports que nous contribuons au succès de tous. Chaque fois que vous vous investissez dans une collaboration, posez-vous cette double question : « Qu'ai-je à offrir ? » et « Qu'ai-je à apprendre ? » C'est en accueillant les contributions des autres que l'effort collectif devient un puissant levier de croissance.

Vous constaterez que cette approche dépasse les frontières de notre métier. Il s'agit d'un principe universel, applicable à toutes les relations et à tous les projets. La prochaine fois que vous travaillez avec quelqu'un, demandez-vous : « Comment puis-je élever le niveau de l'ensemble? Comment puis-je inspirer ceux qui m'entourent? En quoi leur présence et leurs idées vont-elles m'enrichir?» C'est ainsi que vous créerez un véritable écosystème de bienveillance et de croissance, un environnement où chacun est valorisé et où chaque réussite individuelle renforce le groupe dans sa globalité.

Ce qui prend forme à travers cette approche va bien au-delà d'un simple réseau: il s'agit d'un écosystème vivant, inspirant et durable. En élevant les autres, chacun s'élève aussi. C'est dans cette élévation mutuelle que réside, à nos yeux, le véritable succès.

Adopter cette posture, c'est devenir à son tour bâtisseur d'écosystèmes. C'est aussi constater que les résultats obtenus dépassent bien souvent ce qu'il aurait été possible d'accomplir seul.

En tant que bâtisseurs d'écosystèmes, nous avons exploré comment la synergie entre chaque relation ou idée peut favoriser une croissance collective dépassant de loin les collaborations traditionnelles. Cette approche nourrit une intelligence collective, un échange d'énergie et de créativité, et instaure un environnement où la réussite s'exprime autant sur le plan individuel que collectif.

Forts de cette dynamique, abordons maintenant l'indépendance financière: une vision sur mesure où chaque décision et investissement devient un acte conscient, en accord avec vos valeurs et vos aspirations.

L'indépendance financière: une vision sur mesure

L'indépendance financière représente bien plus qu'une simple liberté matérielle. Elle constitue un levier puissant de transformation, une manière concrète de prendre son avenir en main tout en amplifiant l'impact positif de sa réussite. Chaque décision financière devient une pierre fondatrice de l'autonomie individuelle et de celle des personnes environnantes. Une telle posture inspire, élève le niveau et permet de bâtir quelque chose qui dépasse largement les chiffres et les bilans : une vision cohérente, durable et porteuse de sens.

C'est dans cet esprit que nous avons repensé l'approche classique. Là où l'industrie propose souvent des schémas rigides et uniformes, nous avons choisi de miser sur la personnalisation. Notre méthode s'adapte à votre réalité, à vos valeurs et à votre rythme. Le modèle du bouclier patrimonial d'investissement (BPI), détaillé dans le prochain chapitre, incarne cette philosophie. Inspirés des meilleures stratégies ayant fait leurs preuves sur les marchés américains, nous l'avons soigneusement adapté aux spécificités du marché canadien en y intégrant des principes conciliant stabilité financière et quête de sens.

Ce modèle est bien plus qu'une simple répartition d'actifs. Il s'agit d'un écosystème patrimonial qui se construit pas à pas, camp après camp. Son objectif n'est pas seulement de protéger votre patrimoine, mais de le faire croître avec intelligence, de l'accorder avec votre vision personnelle et de le mettre au service de vos objectifs de vie.

Comme vous le savez déjà, la performance financière n'a de valeur que si elle soutient ce qui compte réellement pour vous. Chaque action posée doit donc produire un double impact : vous rapprocher de votre indépendance matérielle tout en consolidant votre autonomie personnelle et votre contribution au monde.

Pour traduire cette philosophie en actions concrètes, un parcours clair et progressif a été structuré. Ce cheminement s'appuie sur une métaphore forte : celle de l'Everest. Gravir cet Everest financier n'est pas un sprint, mais une ascension méthodique jalonnée d'étapes clés renforçant la solidité à chaque palier. Avant de vous lancer, il est essentiel de bien comprendre les repères qui balisent ce parcours à la fois exigeant et inspirant.

Cette ascension comporte trois camps de base, suivis d'une montée finale vers le sommet. Chaque camp offre un temps d'adaptation, de préparation et de renforcement. La montée ultime, quant à elle, exige du courage, de l'endurance et une pleine maîtrise pour atteindre l'accomplissement suprême.

À l'image de cette ascension, la progression vers votre Everest financier s'organise autour de trois grands camps de base, chacun représentant une étape déterminante vers l'indépendance financière. Du camp de base 1 – où vous consolidez vos fondations – jusqu'au sommet, qui symbolise la liberté financière et la transmission de votre héritage, chaque palier est pensé pour vous faire avancer avec rigueur et cohérence.

Ces étapes comportent leurs propres défis et nécessitent des mises au point stratégiques. L'objectif ultime consiste à atteindre le camp de base 3 en toute sécurité – celui où l'indépendance financière devient réalité – avec la fierté d'un parcours maîtrisé et d'une richesse en concordance avec vos valeurs.

Pour y parvenir, il ne suffit pas d'atteindre machinalement chaque camp. Il faut avancer avec lucidité en évitant les pièges qui freinent tant d'entrepreneurs. Le plus redoutable de ces pièges ? Cette tentation insidieuse d'augmenter son niveau de vie à mesure que les revenus s'améliorent : maison plus grande, voiture luxueuse, voyages somptueux…

À un rendement conservateur de 5 à 7 % par an, il est possible d'espérer tripler son capital en environ 14 à 16 ans, et de le multiplier par sept en 27 à 30 ans (voir le tableau ci-dessous). Autant de choix qui peuvent saboter votre progression si vous ne distinguez pas clairement vos besoins réels de vos désirs passagers. Trouver l'équilibre devient alors crucial. Chaque sacrifice consenti aujourd'hui représente un levier puissant pour l'avenir, capable de générer un effet multiplicateur de trois à sept fois sa valeur initiale grâce à la magie de l'intérêt composé. Dans cette aventure, votre discipline et votre vision à long terme sont donc vos meilleurs alliés.

Valeurs approximatives courantes Voici un tableau très pratique pour se faire une idée :		
Taux de rendement annuel	~Temps pour x3	~Temps pour x7
5 %	~ 23 ans	~ 41 ans
7 %	~ 16 ans	~30 ans
8 %	~ 14 ans	~27 ans
10 %	~12 ans	~22-23 ans
12 %	~10 ans	~ 19 ans
15 %	~ 8 ans	~15 ans

Source : Tableau créé à l'aide de Chat GPT

Pour amorcer cette ascension en toute confiance, il est indispensable de commencer au bon endroit. Découvrons ensemble ce que représente concrètement le camp de base 1, là où chaque sommet trouve ses premières prises de qualité.

Camp de base 1 : la zone des fondations financières

Le premier camp est celui où vous érigez les bases de votre ascension. C'est ici que nous effectuons un arrêt stratégique pour analyser votre situation financière actuelle : combien possédez-vous en actifs ? Combien en passifs ? Quel est votre avoir net réel ? Nous insistons sur l'importance de compléter un bilan financier clair.

À cet effet, nous vous invitons à utiliser notre outil Excel conçu pour nos clients, accessible à la toute fin de ce livre dans la section « Pour joindre les auteurs ». Il est également essentiel de classer vos actifs en trois catégories : liquides, semi-liquides et illiquides (voir le glossaire) afin d'identifier précisément vos points forts et vos zones de fragilité.

Ce camp est celui des essentiels. Vous avez déjà l'équivalent de douze mois de coût de vie mis de côté sous forme d'actifs liquides, des revenus stables qui vous permettent d'épargner chaque année, ainsi qu'un budget précis à suivre rigoureusement à l'aide de notre outil Excel de planification budgétaire.

La majorité de votre avoir net est encore concentrée dans des actifs illiquides – par exemple, votre entreprise – mais ces derniers constituent votre tremplin vers la zone suivante. C'est ici que vous développez la discipline d'observer régulièrement vos flux de trésorerie et que vous apprenez à prendre du recul, comme un grimpeur qui s'arrête sur un plateau panoramique pour analyser la suite de l'ascension. Ce recul stratégique vous permet de mieux comprendre vos finances et d'adapter votre trajectoire, si nécessaire.

Transition vers le camp 2 : l'acclimatation

Le passage vers le deuxième camp exige des actions concrètes : optimiser au maximum les véhicules fiscaux, établir un plan rigoureux pour la réduction de vos dettes et favoriser les actifs liquides afin de gagner en flexibilité, même si leur rendement est plus modeste.

Vous devez également prévoir des marges de manœuvre, notamment en assurant un accès rapide à du capital supplémentaire – par exemple, au moyen de lignes de crédit d'investissement. Le grand piège à éviter durant cette phase d'ascension ? La tentation de hausser inutilement votre niveau de vie à mesure que vos revenus augmentent.

La clé demeure la discipline. Grâce à la puissance de l'intérêt composé, chaque sacrifice financier consenti aujourd'hui peut générer un rendement de trois à sept fois sa valeur initiale, selon votre profil de risque (voir le tableau ci-haut pour plus de précisions).

Camp de base 2 : la zone de croissance structurée

À ce stade, votre discipline commence à porter fruit. Vous disposez de trois à sept années de coût de vie sous forme d'actifs liquides, d'un portefeuille diversifié d'actifs liquides et illiquides, ainsi que d'une structure financière qui vous permettrait – si rien ne change – de prendre une retraite confortable. Vous continuez bien entendu à suivre rigoureusement votre budget.

L'attention se tourne maintenant vers une optimisation fiscale plus avancée : comment maximiser le rendement de vos régimes enregistrés et non enregistrés, comment gérer activement les risques et comment ajuster votre portefeuille afin de réduire l'exposition à des placements trop volatils ou trop gourmands en frais.

Le mantra de cette étape : « **petit train va loin** ». Vous devez progressivement diminuer la part des placements illiquides et risqués à mesure que des événements de liquidité se présentent, comme la vente d'une entreprise ou un réinvestissement stratégique.

Transition vers le camp 3 : la traversée des hautes altitudes

C'est ici que le voyage devient plus technique. Il s'agit de réduire progressivement la part de vos investissements les plus risqués au profit de solutions plus liquides, fiables et peu coûteuses en frais.

La priorité est de poursuivre l'optimisation fiscale tout en consolidant les acquis. Vous maintenez un budget strict, mais vous commencez à rechercher la stabilité plutôt que la croissance à tout prix. Cette ascension exige un nouvel état d'esprit : celui d'accepter de laisser de côté les coups d'éclat financiers pour privilégier une construction patiente, méthodique et durable.

Camp de base 3 : la zone de maîtrise financière

Bienvenue dans la zone où l'indépendance financière devient une réalité concrète. Les actifs liquides sont désormais suffisants pour subvenir à un niveau de vie à perpétuité, simplement en tirant parti des revenus générés ou d'une portion de la croissance de vos investissements. Les actifs illiquides ne constituent plus qu'une part marginale de votre portefeuille (moins de 15 %).

Vous continuez à suivre votre budget avec rigueur, une discipline constante depuis le début de votre montée. Vous êtes maintenant en mesure de penser à la transmission. En effet, vous entrez dans l'ère du patrimoine familial intergénérationnel, avec des stratégies déjà en place pour assurer que votre richesse perdure bien au-delà de votre propre horizon de vie.

Transition vers le sommet : l'approche ultime

À ce niveau, la priorité est claire : protéger le capital. Vous ne cherchez plus à maximiser les rendements à tout prix. Désormais, des outils à faible risque sont privilégiés, offrant un rendement modeste, mais stable et sans volatilité. La stratégie bascule vers une logique de pérennité.

Vous passez en mode « rachat de temps ». Il ne s'agit plus d'échanger du temps contre de l'argent, mais d'investir financièrement pour libérer du temps. Déléguer, automatiser, optimiser chaque aspect de votre vie devient une stratégie consciente pour accroître la qualité de vie.

À ce stade, la sécurité financière est telle que les fluctuations des marchés n'ont plus d'incidence significative sur le bien-être. Le capital continue de croître lentement mais sûrement, même pendant l'exploration de nouveaux horizons... ou lors de voyages vers de nouvelles aventures à bord d'un yacht.

En route vers le sommet : la zone d'impact suprême

Le sommet incarne la liberté absolue. Les besoins matériels sont entièrement comblés sans effort, ouvrant la voie à un engagement plus vaste. C'est le moment idéal de laisser un héritage durable, d'investir dans des projets d'envergure, de soutenir des causes qui tiennent à cœur. L'expérience et les valeurs acquises trouvent un nouvel écho dans la transmission : accompagner la prochaine génération, inspirer, coacher et insuffler une vision qui dépasse l'individu.

Vous n'êtes plus seulement un entrepreneur à succès : vous devenez un bâtisseur d'avenir. Ici, chaque décision ne se mesure plus uniquement en résultats financiers, mais en empreinte humaine, en transmission de valeurs et en transformation durable. Qu'il s'agisse de guider la relève, de soutenir des leaders émergents ou de mettre en œuvre des projets porteurs de sens, vous contribuez positivement à votre entourage et à la société dans son ensemble.

Il ne s'agit plus simplement de consolider vos acquis, mais d'incarner pleinement votre rôle de leader inspirant. Ceux qui atteignent le sommet savent que la réussite prend toute sa valeur lorsqu'elle élève aussi les autres.

Voyons maintenant comment les plus grands exemples de réussite traduisent concrètement cette philosophie dans leur quotidien.

Soutien mutuel : la clé des plus hauts sommets

Quand on observe les leaders et entrepreneurs les plus influents, on constate qu'ils ne se contentent pas de réussir. Ils élèvent le niveau de jeu de ceux qui les entourent. Un peu à la manière de Nadal et Djokovic, deux des plus grands joueurs de tennis de l'histoire, qui ont su se pousser mutuellement à atteindre des sommets qu'ils n'auraient sans doute jamais atteints seuls.

Ces personnes entraînent leur entourage dans une dynamique de progression constante. Vous pouvez faire la même chose.

L'objectif est d'aider chaque entrepreneur à repousser ses propres limites pour élever son niveau d'excellence en traçant un chemin clair et structuré vers la conquête de son Everest financier. Sur ce parcours, chaque décision ou interaction devient des occasions d'inspirer, de guider et d'activer de nouveaux leviers pour aller plus loin en démontrant concrètement ce qui est réellement atteignable.

Ce chapitre explore les valeurs fondamentales qui sous-tendent cette approche, ainsi que les stratégies distinctives mises en œuvre. Il explique pourquoi et comment cette méthode va au-delà des modèles traditionnels de gestion de patrimoine et de planification financière, et de quelle manière elle peut s'intégrer harmonieusement à chaque trajectoire entrepreneuriale.

Lorsque nous parlons d'indépendance financière, il est essentiel de comprendre que cet objectif est propre à chacun. Pour certains, cela peut signifier assurer leur sécurité à la retraite grâce à quelques millions en actifs. Pour d'autres, notamment ceux d'entre vous qui nourrissent des ambitions entrepreneuriales, l'indépendance pourrait nécessiter une stratégie plus vaste, plus audacieuse. À chaque situation correspondent une réalité distincte et un seuil propre, en concordance avec les valeurs, les priorités et les besoins de chacun.

Par exemple, il arrive qu'un entrepreneur vise bien au-delà du seuil généralement évoqué de 5 à 10 millions de dollars, souvent considéré comme un montant convenable pour une retraite confortable. Certains fixent leur objectif d'indépendance financière à plus de 25 millions afin de maintenir un train de vie élevé, de soutenir des projets d'investissement ambitieux et de garantir un filet de sécurité pour leur famille. À l'inverse, d'autres peuvent atteindre ce sentiment d'autonomie financière avec des montants bien moindres, notamment lorsque leurs valeurs privilégient la frugalité et un mode de vie plus simple.

C'est ici qu'intervient un principe fondamental fréquemment utilisé par les experts en planification financière : la règle des 4 %. Issue de recherches intensives sur les retraits durables, cette règle indique qu'il est possible de retirer environ 4 % de son portefeuille chaque année tout en préservant la valeur du capital investi à long terme. Par exemple, un portefeuille de 10 millions de dollars permettrait théoriquement de générer un revenu annuel récurrent de 400 000 $, ajusté selon l'inflation, tout en maintenant intact le capital initial sur une période prolongée, souvent estimée à trente ans ou plus.

Pourquoi 4 % ? Cette règle repose notamment sur la célèbre *Trinity Study* publiée dans les années 1990, qui a analysé plusieurs décennies de performances des marchés financiers afin de déterminer un taux de retrait sécuritaire. Bien qu'elle demeure une excellente référence, il est essentiel de la considérer comme un point d'ancrage indicatif, utile pour estimer les besoins en capital en fonction du style de vie souhaité.

Plusieurs facteurs peuvent influencer ce pourcentage optimal : l'horizon temporel (une retraite plus longue peut nécessiter un ajustement à la baisse), le profil d'investissement (un portefeuille plus dynamique pourrait permettre un taux légèrement supérieur) ainsi que l'impact de l'inflation ou de la fiscalité, qui exigent des rectifications régulières.

En résumé, la règle des 4 % constitue un cadre simple pour structurer une stratégie de décaissement durable, tout en conservant un coussin de sécurité. La suite approfondira les façons concrètes d'adapter cette règle à différents contextes afin d'optimiser l'indépendance financière sur le long terme.

Ce qui distingue notre approche, c'est le refus d'appliquer des solutions uniformes d'un entrepreneur à l'autre. Chaque parcours est conçu sur mesure, avec des stratégies adaptées aux aspirations et aux contraintes propres à chacun. Il s'agit d'une gestion dynamique en constante évolution, bien loin des méthodes standardisées. Cela exige une compréhension fine des priorités et une lecture claire des valeurs qui façonnent la vision personnelle de la liberté financière. C'est à partir de cette compréhension que l'on peut ériger de bonnes fondations pour un avenir durable.

Cette philosophie met l'accent non pas uniquement sur un montant à atteindre, mais sur le chemin pour y parvenir et la signification de chaque étape franchie. L'indépendance financière ne se résume pas à un chiffre inscrit sur un relevé bancaire ; elle représente un processus d'harmonisation entre les ressources et les objectifs de vie, où chaque investissement et décision contribue activement à renforcer l'autonomie.

Dans ce contexte, le rôle des conseillers est d'agir comme des partenaires de croissance. Chaque étape devient une pierre ajoutée à l'édifice de votre indépendance financière. À mesure que les progrès s'enchaînent, votre liberté s'élargit, vos choix s'affinent et chaque décision devient un acte conscient de consolidation patrimoniale. La sécurité financière ainsi construite dépasse les simples impératifs matériels, car elle repose sur ce qui compte réellement à vos yeux.

L'objectif ultime est de permettre la prise de décisions sans subir la pression des contraintes financières. Lorsqu'un objectif est clairement défini et en phase avec les priorités, l'effort nécessaire pour l'atteindre se transforme en un accomplissement et renforce la maîtrise de sa trajectoire de vie.

C'est pourquoi cette approche valorise un accompagnement sur mesure où chaque étape de croissance financière en devient également une de croissance personnelle. La liberté financière se définit différemment d'un individu à l'autre. Pour certains, cela signifie réduire le rythme de travail en vue de la retraite ; pour d'autres, disposer des ressources nécessaires pour se lancer dans un projet passionnément désiré. Quelle que soit la forme que prend cette indépendance, l'objectif est de guider chaque entrepreneur afin que ses décisions prennent tout leur sens.

En veillant à ce que chaque actif soit alloué de manière judicieuse et à ce que l'ensemble demeure cohérent avec des objectifs de vie clairement définis, il devient possible de bâtir un patrimoine porteur de sens – non seulement en termes de chiffres, mais aussi par sa valeur personnelle et symbolique. Chaque décision prise devient alors un acte d'indépendance, un pas supplémentaire vers une autonomie financière pleinement assumée.

> *« L'indépendance financière n'est pas une destination, mais un voyage d'évolution où chaque choix conscient et chaque action éclairée nous rapproche d'une autonomie à la fois matérielle, personnelle et spirituelle. »*

Il est essentiel de garder à l'esprit que l'indépendance financière n'est pas une destination figée, mais un processus d'évolution continue. C'est une démarche constante où chaque choix, chaque investissement réfléchi, chaque action posée avec lucidité vous rapproche d'une autonomie matérielle, personnelle et spirituelle.

En adoptant une stratégie qui vous ressemble et en prenant des décisions en pleine conscience, vous faites bien plus que protéger et accroître vos actifs : vous construisez un avenir où sérénité et liberté se rencontrent, où votre indépendance devient le reflet fidèle de vos valeurs et de vos priorités. Pour nous, c'est cela, la véritable indépendance financière, et nous sommes honorés de pouvoir vous accompagner dans cette aventure unique.

Élever le jeu des autres

Lorsque nous pensons aux plus grands leaders et entrepreneurs, il est évident qu'ils ne se contentent pas de poursuivre des objectifs individuels. Ils vont bien au-delà de leurs propres résultats pour devenir des catalyseurs de réussite collective. C'est ce qui distingue les véritables champions, que ce soit dans le monde des affaires, de la finance ou du sport.

Reprenons l'exemple de Nadal et Djokovic. Ces athlètes ne jouent pas uniquement pour remporter des titres ; ils pratiquent leur sport pour élever le niveau de jeu autour d'eux. Leur présence et leur engagement incitent les autres à se surpasser, à faire preuve de résilience et de détermination.

C'est exactement ce type de leadership que nous intégrons dans notre pratique. Nous croyons fermement qu'être un bon leader ne consiste pas seulement à atteindre des objectifs financiers.

Le vrai leadership se manifeste dans la capacité à inspirer, à guider les autres vers l'excellence et à nourrir un écosystème où chacun dispose des ressources et du soutien nécessaires pour évoluer. Concrètement, cela signifie collaborer avec les clients et partenaires pour leur proposer des solutions et les impliquer activement dans une démarche de croissance.

Ce que nous cultivons, c'est une forme d'intelligence collective. En tissant des liens authentiques, en échangeant des idées et en valorisant la diversité des perspectives, nous veillons à ce que chaque interaction devienne une occasion d'apprentissage. Cela va bien au-delà de notre entreprise, car par cette approche, nous contribuons aussi à l'avancée de l'ensemble du secteur. Nous sommes convaincus que lorsque l'un de nous grandit, tout notre écosystème en bénéficie. À nos yeux, cet impact est loin d'être négligeable.

Prenons, par exemple, la manière dont nous abordons les défis. Nous savons que chaque problème ou obstacle est une occasion de faire preuve de résilience et de renforcer les liens avec nos collaborateurs et clients. Notre méthode repose sur une collaboration ouverte et une transparence totale. Nous encourageons chacun d'entre vous à partager vos réflexions, vos préoccupations, voire vos erreurs, car nous croyons que c'est ainsi que nous pouvons tous grandir. En favorisant une telle dynamique, nous instaurons un environnement de travail sain, propice à l'excellence et à l'innovation.

En adoptant cette approche, nous contribuons à faire évoluer les standards de l'industrie. Dans un modèle traditionnel, le succès est souvent individuel et fondé sur des performances isolées. Pour nous, chaque réussite personnelle représente une pierre ajoutée à un édifice collectif. Notre ambition est de mettre sur pied un cadre où chacun peut exprimer pleinement ses compétences en étant conscient de faire partie intégrante d'une structure plus vaste, d'un écosystème harmonieux et performant.

Imaginez un lieu où vous pouvez toujours compter sur le soutien de vos pairs, où vos réussites sont célébrées et où chaque défi surmonté devient une leçon pour tous. En tant que leaders, notre mission est de renforcer cet environnement afin qu'il devienne un catalyseur de réussite collective. En nous inspirant de nos mentors, de nos clients et des modèles que nous admirons, nous nous engageons à élever constamment notre propre niveau pour que chacun autour de nous puisse en tirer profit.

Ce modèle d'écosystème vise à concilier croissance et résilience. Les meilleures pratiques ne doivent pas rester isolées : elles doivent circuler, se partager et se transformer en leviers de succès pour tous les acteurs impliqués.

Cette dynamique encourage une remise en question constante des méthodes en place, l'exploration de nouvelles approches, ainsi qu'une écoute attentive des besoins et aspirations de chaque entrepreneur. En agissant ainsi, un cercle vertueux se met en place, où l'intelligence collective et l'innovation deviennent des moteurs essentiels de progression.

L'objectif ne se limite donc pas à renforcer une organisation spécifique, mais à contribuer activement à la transformation du secteur. Chaque relation, collaboration et échange vise à générer un impact positif sur l'ensemble de l'industrie de la gestion de patrimoine et de la planification financière. Cette vision collective et cette quête d'harmonie constituent les piliers fondamentaux d'une mission tournée vers l'avenir.

> *« Notre défi : bâtir un écosystème où chaque pas élève les standards et repousse les limites. »*

En fin de compte, nous nous engageons à vous offrir un service et à vous intégrer dans une dynamique de progression où chaque étape franchie ou réussite obtenue contribue à renforcer l'ensemble du système. Nous vous invitons à faire partie de cet écosystème de leadership, où nous repousserons ensemble nos limites et ferons évoluer les standards.

Pour une vision intégrée de la croissance financière

Dans notre approche BPI, une vision intégrée vous permet à la fois de protéger et de faire croître vos actifs, tout en demeurant fidèle à vos valeurs et à vos objectifs de vie. Inspirée des meilleures pratiques américaines – où les actifs alternatifs occupent une place centrale dans la diversification –, notre méthode se distingue des approches traditionnelles, souvent rigides et linéaires. Nous intégrons ainsi à votre stratégie des placements qui dépassent les produits classiques afin de vous offrir des solutions mieux adaptées aux fluctuations économiques et à votre propre trajectoire de croissance.

Ce qui rend notre modèle unique, c'est sa capacité à concilier sécurité et potentiel de croissance. Contrairement aux pratiques courantes dans de nombreuses institutions financières canadiennes, où les actifs demeurent souvent concentrés dans les marchés boursiers et les produits traditionnels, nous introduisons une dimension alternative grâce à des investissements dans l'immobilier et dans des entreprises privées.

Pourquoi ? Parce que ces types de placements permettent de mieux répartir le risque tout en maximisant les rendements à long terme. Aux États-Unis, les familles fortunées ont intégré cette diversification dès les premiers millions d'actifs, ce qui leur a permis de demeurer résilientes face aux crises économiques et aux fluctuations du marché.

Prenons un exemple concret. Imaginez que votre portefeuille soit constitué uniquement d'actions ou d'obligations. En période de volatilité, votre patrimoine est directement exposé aux soubresauts des marchés, ce qui peut engendrer une certaine vulnérabilité, particulièrement à court terme. C'est pourquoi, avec le modèle BPI, nous proposons une répartition des actifs fondée sur trois piliers :

1. **Les placements en gestion d'actifs**, qui regroupent les investissements plus liquides et prudents, garants de votre tranquillité d'esprit ;

2. **Les placements dans des entreprises privées**, qui visent à générer des rendements excédentaires par des investissements ciblés et plus dynamiques ;

3. **Le portefeuille immobilier**, qui comprend à la fois votre résidence principale et vos investissements dans des actifs alternatifs et moins liquides, tels que l'immobilier multirésidentiel, les logements locatifs à court terme, les immeubles commerciaux, les terrains, ou d'autres occasions offrant un potentiel de rendement intéressant, allié à une stabilité relative.

La diversification permet de réduire l'impact des aléas économiques tout en favorisant une croissance régulière. L'essentiel : éviter une concentration excessive dans une seule catégorie d'actifs ou dans un projet unique, comme une entreprise principale.

Certes, une approche concentrée peut générer une croissance marquée en période favorable, mais elle expose aussi à des risques importants en cas de retournement. Pour assurer la pérennité financière, il est recommandé de réaliser régulièrement des gains et de les réinvestir dans d'autres classes d'actifs – une stratégie éprouvée au fil du temps.

Historiquement, les investisseurs canadiens se sont montrés plus prudents que leurs homologues américains, notamment en ce qui concerne l'intégration des actifs dits « alternatifs » et l'utilisation de produits financiers à très faible coût, tels que les fonds indiciels cotés en bourse. Une étude de RBC Gestion mondiale d'actifs (2025) met en évidence un certain retard du Canada par rapport aux États-Unis et à l'Europe, en grande partie en raison d'une connaissance plus limitée de ces véhicules d'investissement et d'une offre encore peu développée sur le marché canadien.

Une analyse récente de McKinsey et coll. (2024) révèle que les investisseurs individuels canadiens détiennent en moyenne seulement 2 % de leur portefeuille en actifs alternatifs contre 15 à 20 % pour les grands fonds de pension, qui investissent notamment dans le capital-investissement, l'immobilier privé, les infrastructures et d'autres placements non traditionnels.

Dans ce contexte, le modèle BPI répond à un besoin croissant de renforcer la résilience des portefeuilles en intégrant explicitement les actifs alternatifs. Cette intégration permet d'optimiser le profil rendement-risque à long terme, favorisant ainsi une croissance patrimoniale plus stable et durable.

Il est fréquent de constater que de nombreux investisseurs se limitent à des placements conventionnels sans explorer d'autres possibilités pourtant mieux adaptées à leur tolérance au risque et à leur vision à long terme. Le modèle BPI propose une stratégie de diversification conçue pour les spécificités canadiennes, tout en s'inspirant des meilleures pratiques observées aux États-Unis afin de créer un équilibre solide entre sécurité et potentiel d'innovation.

À ce sujet, aux États-Unis, l'intégration des actifs non traditionnels – comme l'immobilier et les placements privés –

représente souvent plus de 50 % des portefeuilles des familles fortunées (voir le tableau ci-dessous), une approche encore peu exploitée au Canada. Notre méthode vise à combler cet écart en adaptant ces stratégies éprouvées à la réalité canadienne, dans le but d'optimiser la diversification et la résilience du patrimoine. Cette vision permet de dépasser les schémas traditionnels pour bâtir des portefeuilles à la fois plus équilibrés et innovants.

Répartition des actifs selon le niveau de richesse

Répartition des actifs	Ultra-fortunés	Fonds de pension	Fortunés
Liquidités	10 %	3 %	2 %
Actifs alternatifs	46 %	24 %	22 %
Revenu fixe	15 %	28 %	33 %
Actions internationales	9 %	26 %	15 %
Actions nationales	20 %	20 %	28 %

Ultra-fortunés : 30 millions $ et plus. Fortunés : 5 millions $ et plus

Source : Lee Huffman, *Ultra-High Net Worth Asset Allocation*

Pourtant, il est important de souligner que l'adoption de telles stratégies demeure encore marginale au Canada : moins de 20 % des conseillers en placement et en gestion de patrimoine intègrent aujourd'hui des investissements alternatifs dans les portefeuilles de leurs clients. Et parmi ceux qui le font, la part moyenne consacrée à ces investissements reste modeste, représentant environ 4 % du portefeuille total.

Le modèle BPI est conçu comme un véritable écosystème de services intégrés. Chaque investisseur bénéficie d'un accompagnement sur mesure qui dépasse largement la simple gestion des actifs : des conseils fiscaux, successoraux et, selon les besoins, des services en planification d'entreprise ou en investissement immobilier sont également offerts. L'objectif est d'offrir une vision d'ensemble afin que chaque volet du patrimoine fonctionne en synergie avec les objectifs de vie de chacun.

Ainsi, au-delà des placements traditionnels, nous encourageons une répartition d'actifs incluant des produits peu ou non corrélés aux marchés afin de mieux faire face aux imprévus et de vous projeter sereinement dans l'avenir.

Voici un exemple concret d'une famille souhaitant sécuriser son patrimoine tout en recherchant des rendements supérieurs à ceux offerts par les marchés financiers classiques. En s'appuyant sur le modèle BPI, il est possible de combiner un investissement dans l'immobilier commercial avec des participations dans des entreprises privées issues de secteurs en croissance.

Ces actifs dits alternatifs, souvent générateurs de rendements réguliers et moins exposés à la volatilité boursière, contribuent à accroître la stabilité et la fiabilité du portefeuille. Ainsi, même en période de turbulence, le patrimoine demeure préservé, ce qui permet de rester concentré sur ses priorités de vie sans crainte pour l'avenir financier.

En somme, le modèle BPI repose sur l'idée que chaque investisseur est unique et que toute stratégie doit être adaptée en fonction de ses besoins, de ses valeurs et de sa tolérance au risque. L'objectif n'est pas uniquement de maximiser les rendements, mais de constituer un patrimoine personnalisé, fondé sur des choix qui favorisent l'autonomie financière et la tranquillité d'esprit. En offrant l'accès à une gamme diversifiée d'actifs, cette approche permet de mieux faire face aux fluctuations économiques, de saisir les occasions pertinentes et de se projeter dans un avenir clair et maîtrisé.

En adoptant une vision à long terme, inspirée du modèle américain mais adaptée au contexte canadien, il devient possible de bâtir un patrimoine en harmonie avec le bien-être global et les ambitions personnelles. L'invitation est de prendre en compte les options disponibles et d'examiner comment une diversification réfléchie peut transformer le rapport au patrimoine en proposant un modèle d'investissement conçu pour durer, souple et résilient.

Avec le modèle BPI, le bien-être, la performance et l'indépendance financière convergent pour offrir la liberté d'agir en cohérence avec ses valeurs. L'intégration d'actifs alternatifs contribue à construire un avenir où chaque investissement est porteur de sens, chaque décision soutient une intention claire et chaque étape renforce la sécurité et l'autonomie.

L'indépendance financière ne repose pas uniquement sur des actifs bien choisis ou des stratégies techniques, mais sur un écosystème où valeurs, relations, décisions et ambitions convergent vers un même cap. Elle prend racine dans une posture intérieure, s'incarne dans les choix et se consolide à travers la qualité des engagements pris. Le modèle BPI, qui sera présenté plus en détail au prochain chapitre, offre une boussole claire et adaptable pour structurer cette ascension.

Avant de penser en termes de produits, de rendements ou de fiscalité, il est essentiel de se rappeler que tout pas vers la liberté financière commence par une décision lucide. C'est la vision, bien plus que le point de départ, qui trace la trajectoire. La liberté se construit une intention à la fois, offrant à chaque étape l'occasion d'élever ses standards, d'inspirer et de bâtir une réussite authentique.

Voici quelques questions à considérer pour vous aider à bien assimiler les principaux apprentissages de ce chapitre :

1. Quelle serait ma vie si mes décisions financières étaient dictées par ma vision plutôt que par mes peurs ?

2. À quoi ressemblerait un écosystème de croissance en accord avec mes valeurs ? Qui devrait en faire partie ?

3. Si je devais redéfinir ma réussite à partir de ma vision personnelle, quelles décisions aurais-je le courage de prendre dès aujourd'hui ?

L'indépendance financière ne se conquiert pas seule ; elle naît d'une vision claire, s'élabore avec des alliés de confiance et se renforce par des choix cohérents.

CHAPITRE 3

Le bouclier patrimonial d'investissement : sécuriser, croître et transmettre son héritage

« Un patrimoine solide n'est pas seulement une question de richesse, mais d'équilibre et de vision à long terme. »

Maintenant que nous avons exploré les fondements d'une indépendance financière établie sur un état d'esprit solide et un écosystème relationnel cohérent, il est temps d'entrer dans le concret. Une vision, aussi claire soit-elle, a besoin d'une structure pour prendre forme. C'est ici que notre modèle du bouclier patrimonial d'investissement (BPI) entre en jeu.

Conçu comme une architecture à long terme, ce modèle repose sur trois piliers complémentaires – les placements en gestion d'actifs, les placements en entreprises privées et le portefeuille immobilier – qui conjuguent stabilité, rendement et résilience.

Ce chapitre vous guidera à travers chacun de ces piliers afin de vous aider à construire un portefeuille à la hauteur de vos ambitions, capable de faire face aux imprévus. À l'image d'un alpiniste préparant son ascension, il ne s'agit pas seulement de disposer des bons outils, mais de savoir comment les assembler, les équilibrer et les adapter au terrain.

Le BPI constitue la base sur laquelle repose la suite de votre aventure financière. Vous y découvrirez une méthode claire, adaptable et humaine qui vous permettra de sécuriser vos acquis, et de faire fructifier un héritage porteur de sens pour vous et pour les générations à venir.

L'ascension vers la liberté financière s'apparente à un voyage en haute montagne, où chaque étape vous rapproche du sommet de vos objectifs tout en exigeant de la discipline, de la résilience et une gestion prudente des risques. À l'instar de l'alpiniste qui se prépare pendant des mois pour gravir l'Everest, l'investisseur doit établir une base de qualité en s'appuyant sur des stratégies éprouvées et sur des alliés de confiance.

Sur le chemin de l'ascension, nous faisons face à des imprévus, à des « tempêtes » économiques qui nous obligent à nous adapter et à ajuster notre cap pour mieux avancer. Le BPI est alors indispensable, car il permet de diversifier et de stabiliser nos ressources. Comme un alpiniste entouré de guides, chaque investisseur doit s'appuyer sur une équipe d'experts pour sécuriser son parcours et surmonter les défis inattendus.

Au cours des pages suivantes, nous montrons comment le BPI constitue une architecture fiable pour atteindre vos objectifs financiers, ainsi que faire fructifier et préserver votre héritage sur le long terme.

Dans un monde financier en constante évolution, l'indépendance économique ne repose pas uniquement sur l'accumulation de biens, mais sur la construction d'un système résilient face aux fluctuations et aux incertitudes. Chacun des trois piliers du bouclier patrimonial d'investissement présente des atouts spécifiques : la dynamique de croissance des marchés financiers, les possibilités offertes par les placements dans des sociétés privées et la stabilité procurée par l'immobilier.

Le présent chapitre met en lumière ces trois fondations en les reliant au principe de la règle des 4 %, cadre éprouvé de décaissement durable prenant en compte l'impôt, l'inflation et les retraits réguliers pour soutenir le niveau de vie. Ensemble, ces stratégies forment un rempart global, conçu non seulement pour valoriser le patrimoine, mais aussi pour en assurer la pérennité à travers les générations.

Avant d'aller plus loin, rappelons que la transmission de patrimoine ne se résume pas à une simple question d'actifs financiers. Elle implique également des valeurs et une vision à transmettre aux générations futures.

L'exemple des Bijouteries Lavigueur, entreprise familiale fondée par la grand-mère paternelle de Geneviève, illustre bien cette réalité. Grâce à une planification patrimoniale intergénérationnelle, l'entreprise a su préserver sa valeur et ses traditions.

En faisant converger les intérêts de chaque membre au moyen d'un conseil de famille et en structurant soigneusement les actifs, il devient possible d'assurer une transition fluide tout en respectant l'identité et les valeurs du clan familial. Il convient de souligner que, selon les experts, une passation de pouvoir réussie peut s'étendre sur plusieurs années.

Les fondements du BPI

En tant que guides financiers, nous avons souvent été témoins de la difficulté qu'éprouvent certains clients à équilibrer judicieusement leurs actifs. Nous aspirons tous à une forme de sécurité financière, mais peu comprennent réellement les leviers qui la rendent possible. Le plus grand risque pour la pérennité financière de l'entrepreneur réside souvent dans ce qui a pourtant contribué à son succès : la concentration excessive des actifs dans une seule base du modèle BPI.

Les graphiques ci-dessous illustrent la transition d'un portefeuille concentré dans une seule classe d'actifs (graphique A, à gauche) vers une stratégie de diversification équilibrée (graphique B, à droite). Ils mettent en évidence les bénéfices d'une répartition plus stratégique du patrimoine afin de renforcer la stabilité et la résilience financières à long terme – une évolution qui mène du camp de base 1 (graphique A) vers le camp de base 3 (graphique B).

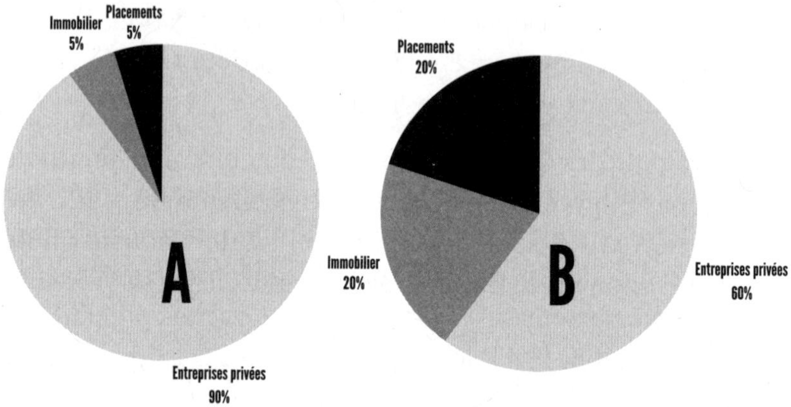

C'est ici qu'entre en jeu le modèle du BPI, une structure pensée pour instaurer un équilibre grâce à ses trois piliers de l'indépendance financière durable : le portefeuille de gestion d'actifs, les entreprises privées et l'immobilier. Ces trois catégories, complémentaires au niveau de leur fonctionnement, permettent de constituer un portefeuille cohérent et bien réparti en minimisant les risques tout en favorisant le potentiel de croissance à long terme. L'objectif : réduire le risque systémique de l'avoir net global et optimiser les rendements.

Sa structure triangulaire assure un équilibre harmonieux, chaque pilier contribuant à la stabilité d'ensemble. Le graphique illustre cette synergie sous forme de pyramide, avec la répartition optimale représentée dans le graphique B, situé en haut à droite.

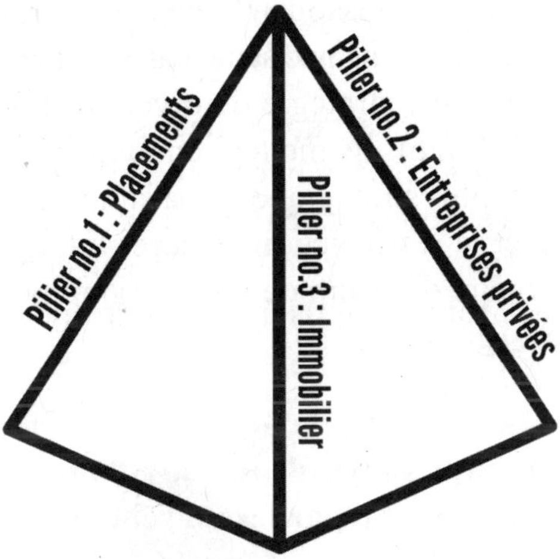

Le modèle BPI, illustré dans le graphique ci-dessous, offre une vision claire et structurée de la répartition optimale du patrimoine. En fonction du capital et des objectifs propres à chacun, une stratégie personnalisée est élaborée. Les trois piliers – les placements (pilier n° 1), les entreprises privées (pilier n° 2) et l'immobilier (pilier n° 3) – conjuguent équilibre, potentiel de croissance et sécurité patrimoniale.

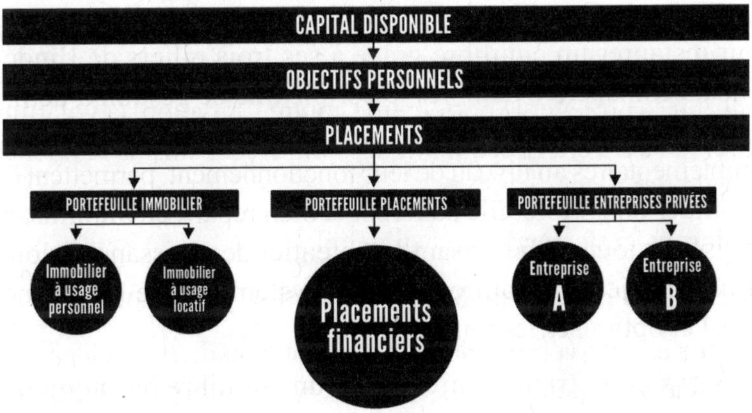

Comment adapter ces concepts à votre propre situation ? La première étape consiste à prendre conscience de votre positionnement actuel à l'aide du bilan BPI. Prenez le temps de répartir l'ensemble de vos actifs dans les trois catégories du modèle, puis calculez le pourcentage que représente chacune.

Selon notre expérience, aucune de ces catégories ne devrait excéder 60 % de votre patrimoine total. Si l'une d'elles dépasse ce seuil, cela révèle une concentration excessive, susceptible d'augmenter le niveau de risque. Un réajustement à moyen terme pourrait alors s'imposer pour retrouver un meilleur équilibre.

1) Le pilier « Portefeuille de gestion d'actifs », représenté dans les graphiques précédents sous l'appellation « Placements » : la croissance par les marchés financiers

Votre portefeuille de gestion d'actifs, constitué de placements en bourse, repose sur une stratégie d'investissement visant à répartir le capital entre différentes classes d'actifs, de secteurs économiques, de zones géographiques et de tailles d'entreprises. L'objectif principal est d'optimiser le rendement et de réduire les risques liés aux fluctuations des marchés. Cette approche s'appuie sur le principe fondamental de la diversification qui permet de ne pas dépendre excessivement d'un seul marché, d'un seul secteur ou d'un seul type d'entreprise.

Parmi les classes d'actifs, l'or joue un rôle stratégique en tant que valeur refuge. Même détenu en faible proportion, il contribue à protéger le portefeuille contre l'inflation, la volatilité extrême ou les crises économiques, renforçant ainsi la résilience globale des placements.

Explorons ces aspects plus en détail :

- **L'importance de la diversification géographique**

Investir exclusivement dans le marché canadien expose votre portefeuille à des risques propres à l'économie locale. Par exemple, une récession au Canada pourrait avoir un impact considérable sur l'ensemble de vos investissements s'ils sont concentrés uniquement sur le marché national. En diversifiant géographiquement vos placements, vous répartissez les risques et pouvez tirer parti des occasions de croissance offertes par d'autres économies à travers le monde.

- **Répartition géographique recommandée pour un investisseur canadien**

Les experts proposent différentes répartitions afin de concilier rendement et gestion du risque. Selon une analyse de Vanguard Canada (2023), une répartition jugée optimale pour un investisseur canadien serait d'environ 30 % en actions canadiennes et 70 % en actions internationales. Cette combinaison permet de bénéficier des avantages d'une diversification mondiale tout en conservant une exposition pertinente au marché local.

- **Considérations pour établir votre répartition**

1. Tolérance au risque : votre capacité à faire face aux fluctuations des marchés influencera la proportion d'actions internationales à inclure dans votre portefeuille.

2. Objectifs financiers : vos objectifs à court et à long terme orienteront le degré d'exposition souhaité à différents marchés.

3. Horizon d'investissement : un horizon à long terme peut justifier une diversification internationale plus marquée, tandis qu'un horizon plus court favorisera des placements plus stables et localisés.

En résumé, un portefeuille bien diversifié, en particulier sur le plan géographique, est essentiel pour viser une croissance durable tout en maîtrisant les risques liés aux marchés. Le pilier « portefeuille de gestion d'actifs » du modèle BPI s'appuie sur cette logique : en répartissant les investissements entre différentes régions, secteurs et types d'actifs, l'investisseur augmente ses chances de rendement à long terme tout en réduisant sa vulnérabilité aux fluctuations. Pour en tirer pleinement parti, il est crucial d'analyser régulièrement son profil d'investisseur, d'ajuster les positions selon l'évolution des marchés et de maintenir une gestion rigoureuse.

2) Le pilier « Placements en entreprises privées », représenté dans les graphiques précédents sous « Entreprises privées » : une diversification distinctive

Les placements dans des entreprises privées constituent souvent une occasion intéressante pour les investisseurs avertis. Plusieurs de nos clients, par exemple, ont investi dans un projet de capital-risque en croissance. Ce choix, en dehors des marchés publics, leur ont permis de mieux se prémunir contre les fluctuations économiques.

Vous pourriez, vous aussi, envisager ce type d'investissement en fonction de votre tolérance au risque et de vos objectifs. Peut-être avez-vous déjà songé à participer au financement de sociétés privées ou à soutenir des projets innovants. Intégrer de tels actifs à votre portefeuille peut procurer des avantages notables, notamment une moindre corrélation avec les marchés boursiers.

Les placements en entreprises privées, second pilier du modèle BPI, offrent une possibilité de diversification souvent inaccessible au grand public. Ce pilier regroupe des investissements dans le capital de sociétés non cotées, dans le capital-risque et parfois dans des projets entrepreneuriaux. Ces options sont prisées par les investisseurs en quête de rendements potentiellement élevés, avec des risques maîtrisés.

Grâce à des partenariats stratégiques et à une connaissance approfondie du marché, les placements privés permettent d'intégrer des actifs faiblement corrélés aux marchés publics, offrant ainsi une certaine protection contre les fluctuations boursières. Ce pilier s'avère essentiel pour les investisseurs qui souhaitent stabiliser leur portefeuille tout en diversifiant leur exposition, souvent dans des secteurs à forte valeur ajoutée.

3) Le pilier « Portefeuille immobilier », représenté dans les graphiques précédents sous « Immobilier » : la sécurité à long terme

Pour nous, l'immobilier constitue le pilier le plus stable. Nous pensons notamment aux clients ayant réparti leurs investissements entre des propriétés résidentielles, commerciales et industrielles. Durant une période d'incertitude économique, ils ont continué de percevoir des revenus réguliers, alors que d'autres essuyaient d'importantes pertes sur les marchés boursiers. Et si vous faisiez de même ? Un portefeuille immobilier bien structuré peut offrir une stabilité durable en résistant aux cycles économiques et en renforçant la sécurité de vos placements financiers.

L'immobilier représente ainsi le troisième pilier du modèle BPI. Il assure un ancrage tangible pour le patrimoine. En investissant dans des biens résidentiels, multirésidentiels, locatifs à court terme, commerciaux ou industriels, l'investisseur bénéficie de revenus récurrents, d'une protection contre l'inflation et d'une valorisation progressive de ses actifs. Le choix de propriétés stratégiques, bien situées et diversifiées géographiquement, permet de réduire les risques tout en générant un flux de trésorerie constant.

En raison de sa nature tangible, l'immobilier joue un rôle protecteur en période d'incertitude économique, renforçant la résilience du portefeuille. Il complète parfaitement les autres piliers en apportant une sécurité et une stabilité aux investissements, permettant ainsi une approche équilibrée face aux cycles économiques.

Avant d'acquérir un nouvel actif, il est essentiel de réfléchir aux motivations qui sous-tendent cette décision. Les questions suivantes vous aideront à valider la cohérence de votre choix avec vos objectifs patrimoniaux et à renforcer la solidité de votre portefeuille. Prenez le temps d'y répondre avec lucidité :

1. Quel est la fourchette de prix ou le coût cible de l'actif envisagé ?
2. Quel est l'objectif principal de cette acquisition (croissance, protection, revenu passif, etc.) ?
3. En quoi cet actif contribue-t-il à la cohérence et à l'équilibre de votre portefeuille ?
4. Quels rendements anticipez-vous ? Sur quelle durée ?
5. Quel niveau de risque cet actif comporte-t-il et correspond-il à votre tolérance personnelle ?
6. Quel retour sur investissement global espérez-vous obtenir grâce à cet actif?

La règle à connaître pour bâtir un coussin de sécurité à vie

En tenant compte de tous les principes de diversification présentés précédemment, abordons maintenant la règle des 4 % : une stratégie de décaissement prudente qui vise à préserver le capital sur le long terme. En appliquant cette règle, il devient possible de répondre aux besoins financiers actuels tout en protégeant l'intégrité du patrimoine pour les générations futures. Elle s'inscrit pleinement dans la philosophie du modèle BPI en assurant une sécurité financière durable, même en période de turbulences économiques.

La règle des 4 % constitue une formule à la fois simple et puissante pour éviter l'épuisement du capital. Voici un exemple que nous aimons partager avec nos clients : imaginez disposer d'un capital de 10 millions de dollars. En retirant 4 % par an, soit 400 000 $ net, pourriez-vous subvenir à vos besoins sans entamer le capital principal ? Ce principe vous interpelle peut-être déjà, surtout si vous vous êtes demandé quel taux de retrait serait sûr dans votre situation.

Adopter la règle des 4 % permet de structurer une base financière fiable et de maintenir une marge de sécurité appréciable. Le « chiffre magique » correspondant à votre indépendance financière totale sera défini lors de l'élaboration de votre plan personnalisé, en collaboration avec nos spécialistes. Pour ce faire, il est indispensable d'effectuer l'exercice du budget et du bilan financier si ce n'est pas encore fait.

Les études montrent qu'un retrait annuel net de 4 % permet généralement de préserver le capital, même en période de forte volatilité. Ce taux vise un équilibre entre revenu régulier et préservation du patrimoine, notamment pour les entrepreneurs et les familles ayant déjà concrétisé un événement de liquidités important, et souhaitant maintenir leur niveau de vie sans craindre d'épuiser leurs économies.

Il convient toutefois de souligner que le portefeuille doit être structuré de manière à inclure une part importante de liquidités disponibles : comptes à rendement élevé, fonds du marché monétaire, bons du Trésor ou obligations. Cette réserve renforce la stabilité du plan de décaissement et limite les risques liés aux marchés.

Ainsi, en disposant de plusieurs années de retraits accessibles avant de devoir puiser dans des actifs plus volatils, vous vous donnez la capacité de traverser les cycles économiques en toute sérénité. Vous évitez ainsi d'avoir à vendre des actifs non liquides pour maintenir votre niveau de vie. Intégrée au sein du modèle BPI, la règle des 4 % permet de bâtir un coussin financier, capable de répondre à vos besoins tout en s'adaptant aux aléas des marchés.

Il est toutefois essentiel de se rappeler que ce coussin de sécurité n'est pas figé. Il doit évoluer en fonction de la conjoncture économique et de votre réalité personnelle. Son objectif reste le même : offrir une base durable et flexible qui vous permet de vivre confortablement de vos actifs tout en préservant leur valeur pour les générations à venir.

L'art de diversifier : vers une allocation d'actifs optimale

L'allocation d'actifs, pierre angulaire du modèle BPI, consiste à répartir les investissements entre des actifs à gains en capital (comme les actions) et d'autres générant des revenus fixes (comme les obligations). Cette répartition permet de stabiliser le portefeuille en conciliant recherche de rendement et gestion prudente du risque.

Les actifs à gains en capital – croissance et valorisation :

Il est essentiel de trouver un équilibre entre les actifs visant la valorisation à long terme et ceux assurant une source de revenus réguliers. Les jeunes investisseurs, par exemple, privilégient souvent les actions en raison de leur fort potentiel de croissance, ce qui correspond bien à un horizon d'investissement étendu.

Cette stratégie permet de maximiser la valeur du patrimoine en acceptant une certaine volatilité. Par ailleurs, ces actifs offrent généralement un traitement fiscal avantageux, ce qui les rend d'autant plus attrayants pour les profils orientés vers la croissance.

Les actifs à gains en capital, tels que les actions et l'immobilier, sont ceux dont la valeur peut s'apprécier avec le temps. Ils présentent un fort potentiel de croissance, bien qu'ils soient sujets à des fluctuations à court terme. Ce type d'actif est particulièrement indiqué pour les investisseurs qui visent des rendements significatifs sur une période prolongée.

Dans le cadre du modèle BPI, ces actifs sont choisis avec soin pour leur potentiel de valorisation durable. Combinés à des placements plus stables, ils permettent de viser une croissance soutenue tout en préservant un équilibre sécuritaire au sein du portefeuille.

Les actifs à revenus fixes – stabilité et prévisibilité : Nous pensons à ces clients à la retraite qui recherchaient un flux de trésorerie stable. En intégrant des obligations et d'autres produits générant des revenus fixes dans leur portefeuille, ils ont pu recevoir un revenu régulier sans dépendre des fluctuations des marchés. Cette stratégie leur ont permis de maintenir leur niveau de vie tout en préservant une partie de leur capital pour leur famille. Un choix avisé, notamment pour ceux qui approchent de la retraite.

Pour un investisseur avisé à la retraite, l'or physique joue un rôle stratégique en tant que réserve de valeur. Sa présence dans un portefeuille permet de diversifier au-delà des actifs financiers traditionnels, tels que les actions ou les obligations, tout en offrant une sécurité tangible face à l'inflation, aux fluctuations extrêmes des marchés et aux risques systémiques.

Contrairement aux actifs purement financiers, l'or ne dépend ni de la santé d'une entreprise ni d'une devise particulière, ce qui en fait un rempart naturel en période d'incertitude économique ou géopolitique. Il contribue ainsi à renforcer la résilience du portefeuille et à préserver le pouvoir d'achat sur le long terme.

En ce sens, les actifs de revenus fixes apportent stabilité et prévisibilité au portefeuille. Les obligations et autres instruments générant un revenu régulier jouent un rôle de stabilisateurs, assurant ainsi un flux de trésorerie constant, même en période de volatilité des marchés.

Ils constituent une composante essentielle de l'allocation d'actifs en contrebalançant les fluctuations de ceux à gains en capital. Dans un portefeuille bien structuré, ces actifs atténuent les soubresauts des marchés financiers et offrent un filet de sécurité au patrimoine global.

Vers une vision patrimoniale durable

À travers le BPI, notre objectif est d'offrir une indépendance financière durable en alliant croissance et sécurité. Imaginez ce que cela pourrait signifier pour vous : un portefeuille capable de résister aux tempêtes économiques, tout en assurant la transmission harmonieuse de vos biens aux générations futures.

Un patrimoine bâti pour durer, une stratégie qui soutient vos rêves et protège ceux qui vous sont chers. N'est-ce pas là la plus belle promesse d'une gestion éclairée de vos actifs ?

Le chemin parcouru à travers les piliers du BPI dépasse la simple logique d'accumulation. Ce modèle propose une architecture d'indépendance financière orientée vers la pérennité, où le patrimoine est protégé, valorisé et tourné vers l'avenir. Structuré avec discernement, le portefeuille devient un levier de sécurité, de liberté et de clarté stratégique.

Reposant sur trois piliers complémentaires – gestion d'actifs, entreprises privées et immobilier – le bouclier patrimonial d'investissement incarne une approche globale et cohérente de la gestion de patrimoine. Grâce à une diversification réfléchie et à des principes éprouvés tels que l'allocation optimale d'actifs et le coussin de sécurité fondé sur la règle des 4 %, il s'adapte aux besoins évolutifs des investisseurs tout au long de leur parcours.

Bien plus qu'une méthode d'accumulation, le BPI est un modèle de préservation, de croissance et de transmission. Il permet d'ériger une fondation solide pour sécuriser le capital et transmettre un héritage porteur de sens. Après tout, le patrimoine ne se résume pas à des chiffres : il reflète une vision, une discipline et un engagement durable envers les générations futures.

Ce chapitre a dévoilé en profondeur le modèle BPI, une structure stratégique conçue pour allier performance, résilience et pérennité. Au-delà des chiffres, il souligne l'importance d'adopter une vision patrimoniale à long terme en intégrant la transmission de valeurs tant financières qu'humaines. Le rôle d'une équipe d'experts apparaît comme essentiel pour guider chaque décision avec discernement en s'appuyant sur des actions concrètes visant à évaluer, adapter et renforcer sa structure patrimoniale.

En somme, le BPI s'impose comme un outil fondamental pour construire une indépendance financière à la fois stable, durable et en phase avec ses aspirations tout en alliant sécurité, croissance et transmission éclairée.

Voici trois questions à vous poser pour bien intégrer les apprentissages de ce chapitre :

1. Comment les trois piliers du BPI peuvent-ils renforcer à la fois la sécurité et la croissance de mon patrimoine face aux aléas économiques ?

2. À l'image d'un alpiniste entouré de son équipe de soutien, ai-je identifié les experts financiers clés (conseillers, fiscalistes, etc.) capables de m'accompagner et de sécuriser mon parcours sur le long terme ?

3. Comment puis-je appliquer la règle des 4 % à ma stratégie de décaissement afin de me constituer un « coussin de sécurité » durable, tout en préparant sereinement la transmission de mes biens aux générations futures ?

La clé d'un patrimoine durable repose sur la prévoyance et l'équilibre pour garantir dès aujourd'hui une sécurité qui résonnera jusqu'à demain.

CHAPITRE 4

L'écosystème financier : construire des alliances durables pour une croissance stable

« Chaque sommet atteint n'est pas qu'une réussite financière.
C'est l'accomplissement de rêves portés par
des choix stratégiques et guidés
par des valeurs humaines profondes. »

Après avoir exploré, au chapitre précédent, les fondations du bouclier patrimonial d'investissement (BPI) – cette architecture stratégique conçue pour stabiliser, faire croître et transmettre un patrimoine pérenne –, il est temps de prendre de la hauteur et d'élargir notre regard sur l'ensemble de votre croissance financière. Bâtir un portefeuille structuré ne suffit pas. Encore faut-il qu'il s'inscrive dans un écosystème vivant, en accord avec vos valeurs, vos ambitions et votre rythme.

Dans ce chapitre, nous vous invitons à repenser la croissance. Ne la voyez plus comme une course à la performance, mais comme une dynamique durable, lucide et fluide, enracinée dans l'intelligence collective et la dimension humaine.

Nous explorerons ensemble les cinq fondements de notre écosystème d'accompagnement : une approche multidisciplinaire, une collaboration entre experts, une expérience concrète du terrain, une posture relationnelle bienveillante et une capacité d'adaptation continue. La réussite financière ne se résume pas à des chiffres. Elle émerge d'un environnement favorable où chaque décision s'appuie sur la clarté, la confiance et le discernement. L'ascension que nous proposons est celle d'un sommet qui se construit un pas à la fois, mais jamais seul.

Dans un secteur souvent marqué par des approches standardisées et compartimentées, certaines pratiques se distinguent par une vision plus intégrée et centrée sur l'humain. Une démarche holistique permet d'aborder l'ensemble des besoins d'un entrepreneur – de l'investissement à la planification successorale, en passant par les assurances – dans une logique cohérente et fluide.

L'objectif n'est pas seulement de traiter des volets financiers de manière isolée, mais de construire un écosystème structuré autour des aspirations de la personne. Lorsqu'une approche prend en compte les valeurs, les priorités et les objectifs de vie, elle devient un levier puissant pour optimiser à la fois l'efficacité des stratégies et la qualité des décisions.

Ce positionnement, à la croisée de la rigueur technique et de l'écoute humaine, constitue pour nous un élément essentiel de l'accompagnement à long terme. C'est cette vision qui nous guide.

Êtes-vous prêt à faire le premier pas vers la conquête de votre Everest financier en sachant que nous serons à vos côtés à chaque étape ? Prêt également à redescendre ensemble, en toute sécurité, tout en savourant chaque victoire ou étape franchie sur ce chemin vers votre liberté financière ?

Pour atteindre une indépendance financière durable et en accord avec vos aspirations, il est essentiel de s'appuyer sur de bonnes bases. Cinq fondements méritent une attention particulière tout au long du parcours :

1. **Adopter une approche multidisciplinaire et holistique** qui englobe l'ensemble des dimensions financières –

placements, fiscalité, succession, assurances, etc. – dans une vision intégrée plutôt que fragmentée.

2. **S'entourer d'un écosystème adapté à la réalité entrepreneuriale**, composé de professionnels de confiance (comptables, fiscalistes, notaires, conseillers) capables de travailler en synergie pour éclairer et faciliter vos décisions.

3. **S'appuyer sur des conseils issus de l'expérience concrète**, ancrés dans la réalité du terrain, loin des modèles théoriques ou génériques.

4. **Valoriser la dimension humaine de la gestion patrimoniale** en veillant à ce que chaque décision soit en harmonie avec vos valeurs, vos priorités et votre projet de vie.

5. **Faire preuve de proactivité et de flexibilité** en ajustant votre stratégie au fil des évolutions du marché, de votre situation personnelle et des nouvelles possibilités.

Combinés à une vision claire et à un accompagnement structuré, ces fondements forment la base d'une liberté financière authentique et durable. C'est cette approche qui guide notre engagement auprès de vous. Voyons-les à présent plus en détail.

FONDEMENT 1 – Une approche multidisciplinaire et holistique

Pour répondre aux nombreuses facettes de la gestion financière, il est important de pouvoir compter sur une équipe complète de professionnels qualifiés. Une approche intégrée, réunissant la planification financière, la gestion de portefeuille, la gestion des risques, les assurances collectives et d'autres expertises complémentaires, permet de traiter chaque situation avec cohérence et justesse. La présence d'un réseau de spécialistes chevronnés constitue un véritable levier de performance, assurant ainsi une vision globale et une prise de décision éclairée à chaque étape.

Une telle approche intégrée inclut notamment les volets suivants :

- **Planification successorale** (ou transmission du patrimoine) : testament, fiducies, donations planifiées.
- **Planification fiscale** (optimisation des impôts) : stratégies visant à minimiser l'impôt actuel et futur.
- **Planification de la retraite** (parfois distincte de la planification financière générale) : modélisation des flux de revenus, stratégie de décaissement optimal.
- **Structuration juridique** (particulièrement pour les entrepreneurs ou les familles) : sociétés de gestion, fiducies, conventions entre actionnaires.
- **Planification philanthropique** (pour les clients fortunés ou engagés) : dons planifiés, création de fondations.

En réunissant ces expertises sous un même toit, il devient possible d'aborder chaque décision avec cohérence, stratégie et efficacité, au service des objectifs financiers et personnels de chacun.

C'est ce qui nous guide et nous permet d'avoir une vue d'ensemble sur la situation financière de nos clients afin de leur proposer des solutions sur mesure répondant à tous leurs besoins. Disposer d'une équipe dotée d'un éventail complet de compétences et de licences professionnelles constitue un facteur déterminant pour établir une stratégie financière cohérente et durable. Voici les principales expertises nécessaires :

- **Planificateur financier** : Élaborer des plans financiers complets et personnalisés en accompagnant les particuliers et les entrepreneurs dans la gestion de leurs actifs, passifs, revenus et dépenses selon leurs objectifs à court, moyen et long terme.
- **Conseiller en sécurité financière** : Proposer des produits d'assurance vie, d'assurance invalidité, d'assurance de

personnes clés en entreprise et d'autres solutions visant à protéger les actifs et à procurer une tranquillité d'esprit face aux imprévus.

- **Conseiller en gestion de patrimoine** : Optimiser le patrimoine global à l'aide de conseils stratégiques intégrant les dimensions fiscales et successorales afin de maximiser la valeur des investissements.
- **Conseiller en assurances et rentes collectives** : Proposer des régimes d'assurance collective aux entreprises – santé, invalidité, vie, retraite – pour favoriser la protection et la fidélisation des employés.
- **Gestionnaire de portefeuille** : Gérer des portefeuilles d'investissement de façon professionnelle en effectuant des choix judicieux sur les marchés financiers, adaptés au profil de risque et aux objectifs de rendement de chaque client.

En finance comme en haute montagne, l'ascension vers son sommet ne peut se faire sans accompagnement. Il est essentiel de s'entourer d'une équipe compétente et complémentaire, capable d'offrir un accompagnement multidimensionnel à chaque étape du parcours. Une équipe dotée d'une diversité de licences permet d'orchestrer l'ensemble des décisions financières avec cohérence et rigueur.

Cette approche multidisciplinaire repose sur une expertise variée, apte à répondre aux défis financiers complexes auxquels sont confrontés les entrepreneurs. En vous appuyant sur ce qui a été vu précédemment, nous vous invitons à réfléchir à la question suivante : « Comment puis-je m'assurer que ma situation financière bénéficie d'une approche holistique et multidisciplinaire afin de répondre efficacement à mes objectifs à court, moyen et long terme, tout en maximisant la protection et la croissance de mon patrimoine ? »

FONDEMENT 2 – Un écosystème optimisé pour les entrepreneurs

Comme présenté dans le premier chapitre et illustré par la roue multidisciplinaire, nous avons conçu un écosystème financier de qualité pour répondre aux besoins particuliers des entrepreneurs en croissance. Cet écosystème dépasse largement la gestion d'actifs traditionnelle, car il prend en compte l'ensemble des enjeux financiers, structurels et stratégiques tout en agissant comme un véritable partenaire de développement. Son objectif est de réunir les conditions idéales pour accompagner l'ascension vers de nouveaux sommets.

Cet écosystème intégré présente de nombreux avantages, notamment en matière de temps, d'efficacité et de personnalisation des solutions. Il repose sur une approche multidisciplinaire qui couvre tous les volets essentiels de la gestion financière : planification, investissement, fiscalité, protection et transmission.

Voici les principaux avantages de cette approche :

- **Une prise en charge globale et coordonnée** : Grâce à l'intégration de diverses expertises, tous les besoins financiers sont traités de manière centralisée. Cette coordination évite les cloisonnements entre spécialistes, simplifie les démarches et assure une cohérence stratégique entre les décisions liées aux placements, aux assurances et à la planification successorale.
- **Un gain de temps considérable** : En regroupant les services sous un même toit, les entrepreneurs évitent les allers-retours entre différents professionnels. Un interlocuteur principal agit comme chef d'orchestre financier, ce qui facilite la communication, accélère la prise de décision et réduit les frictions opérationnelles.
- **Des solutions personnalisées et adaptées** : En adoptant une vision d'ensemble, il devient possible de concevoir

des stratégies sur mesure, parfaitement en phase avec les priorités et la réalité propre à chacun. Loin des réponses génériques, cet écosystème permet de proposer des solutions intégrées, pensées en fonction des objectifs de vie, des projets d'entreprise et d'une vision à long terme.

Prenons un exemple concret pour illustrer l'impact d'un écosystème intégré. L'un de nos clients, un entrepreneur chevronné ayant accumulé près d'un million de dollars en actifs, souhaitait optimiser sa situation financière afin d'atteindre l'indépendance dans un horizon de dix ans. L'accompagnement offert dans ce contexte a permis de répondre à l'ensemble de ses besoins dès le départ, sans qu'il ait à multiplier les démarches.

Plutôt que de gérer ses placements auprès d'une institution bancaire, de consulter un autre conseiller pour ses assurances, puis de faire appel à un fiscaliste pour rectifier sa stratégie, il a bénéficié d'une prise en charge centralisée et cohérente grâce à notre équipe. En l'espace de deux jours, une stratégie d'investissement optimisée a été déployée, la planification de ses assurances mise en place pour sécuriser son patrimoine et des solutions fiscales structurantes ont été identifiées pour maximiser ses économies.

Cette efficacité repose sur une capacité à travailler de façon intégrée en mobilisant un réseau de partenaires spécialisés, y compris pour des enjeux complexes comme le rapatriement de fonds liés à des activités commerciales antérieures à l'étranger.

Au lieu d'attendre plusieurs semaines ou des mois pour coordonner les réponses de divers experts, cet entrepreneur a pu rapidement prendre des décisions éclairées, tout en économisant du temps, de l'énergie et en gagnant en clarté. Un tel écosystème permet d'accélérer les démarches et d'optimiser l'ensemble du patrimoine grâce à une approche personnalisée, en accord avec les objectifs à long terme.

Encore une fois, nous vous invitons à réfléchir à la question suivante pour améliorer la gestion de votre patrimoine : « En tant qu'entrepreneur, comment puis-je tirer parti d'un écosystème financier centralisé pour gagner du temps, simplifier mes décisions et maximiser la coordination des stratégies qui soutiennent mes objectifs ? »

FONDEMENT 3 – Une expertise fondée sur l'expérience

Ce qui distingue un accompagnement de qualité, c'est la capacité à saisir la réalité entrepreneuriale dans toute sa complexité sur le plan théorique et pratique. Lorsqu'un conseiller a lui-même affronté les défis propres à l'entrepreneuriat, il est mieux outillé pour accompagner avec justesse, pertinence et pragmatisme. Cette proximité d'expérience devient un levier stratégique, permettant d'aligner chaque décision sur les objectifs de croissance et les aspirations de l'entrepreneur.

En résumé, voici les principes qui illustrent la valeur ajoutée d'un accompagnement spécialisé auprès des entrepreneurs, fondé sur une compréhension fine de leur réalité :

- **Expérience directe de la croissance d'entreprise** : Une connaissance vécue des défis liés à l'expansion permet d'anticiper les enjeux financiers complexes qui accompagnent le succès entrepreneurial.
- **Compréhension des contraintes de temps** : Le temps étant l'une des ressources les plus précieuses des entrepreneurs, l'objectif est de structurer les finances de manière à alléger la charge mentale et à libérer du temps pour se consacrer pleinement aux activités stratégiques.
- **Maîtrise de la complexité financière** : Une expertise approfondie en trésorerie, en fiscalité et en investissements permet d'élaborer des stratégies cohérentes, favorisant à la fois la croissance et la pérennité de l'entreprise.
- **Allègement de la pression décisionnelle** : L'accompagnement vise à réduire la charge mentale liée aux décisions

financières en prenant en main les aspects techniques et en proposant des solutions concrètes et adaptées.

- **Accompagnement stratégique et opérationnel** : Les recommandations ne se limitent pas à la théorie, mais s'appuient sur des stratégies éprouvées, directement applicables dans des contextes entrepreneuriaux.
- **Adaptabilité face à l'évolution** : Une capacité d'adaptation en temps réel permet de faire évoluer les stratégies en fonction des besoins, des projets et des cycles d'affaires.
- **Partenariat axé sur la croissance durable** : Le conseiller agit comme un véritable partenaire stratégique, engagé à faire fructifier les possibilités tout en sécurisant l'avenir financier de l'entrepreneur et de ses entreprises.

Cette combinaison de compétences techniques et de compréhension des dynamiques entrepreneuriales permet d'offrir un accompagnement à la fois structurant, pertinent et profondément personnalisé. Pour optimiser votre gestion de patrimoine, posez-vous la question suivante : « Comment puis-je m'appuyer sur une expertise issue de l'expérience entrepreneuriale pour alléger le stress financier, clarifier mes priorités et accorder mes décisions stratégiques avec la croissance durable de mes entreprises et de mon patrimoine ? »

FONDEMENT 4 – L'importance des relations humaines

Gérer l'argent, c'est avant tout accompagner les personnes qui se trouvent derrière. Une relation de confiance, tissée sur la durée, permet de mieux cerner les besoins, les aspirations et les parcours uniques de chacun. Cette compréhension approfondie rend possible une révision des conseils qui prend en compte les objectifs financiers et les objectifs de vie.

« Pour nous, gérer l'argent, c'est bien plus qu'une simple question de chiffres. C'est accompagner chaque personne dans la réalisation de ses rêves en tenant compte de ses aspirations et de ses valeurs profondes. »

Un exemple concret de notre manière d'accompagner les personnes derrière l'argent se reflète dans l'histoire de plusieurs de nos clients, dont un entrepreneur de quarante ans ayant accumulé plus d'un million de dollars et ayant tout juste terminé de rembourser son hypothèque. Lorsqu'il a fait appel à nous, ce n'était pas uniquement pour discuter de chiffres ou de placements ; il se trouvait à un moment charnière de sa vie. Il cherchait une direction pour son avenir financier et personnel. Son objectif était clair : doubler, voire tripler son épargne au cours des dix prochaines années, tout en profitant de la liberté que cela lui offrirait.

Plutôt que de simplement proposer une stratégie d'investissement traditionnelle, l'accompagnement s'est centré sur une écoute attentive de ses aspirations. Au fil des échanges, cet entrepreneur a exprimé le désir de réorienter sa vie dans une dizaine d'années, non pas vers une retraite classique, mais vers une activité plus humaine : devenir bénévole dans une coopérative agricole de sa région. Ce rêve, loin des projecteurs et du stress lié au monde des affaires, traduisait un besoin sincère de ralentir, de retrouver une forme de liberté intérieure et de renouer avec des valeurs simples.

Grâce à une relation de confiance bien établie, il a été possible d'adapter les recommandations aux objectifs financiers visés et aux aspirations personnelles. Un plan d'investissement et de gestion patrimoniale a été conçu pour maximiser les rendements, tout en permettant une réduction progressive de la charge de travail. Ce plan a ouvert la voie à la réalisation de ce projet de vie dans les délais souhaités.

Une telle approche personnalisée et centrée sur l'humain repose sur une écoute attentive, une compréhension authentique des motivations, et une cohérence stratégique avec les valeurs et les ambitions de chacun. Elle illustre qu'accompagner un patrimoine, c'est avant tout accompagner une personne avec ses priorités, ses émotions et sa vision de l'avenir.

Pour nourrir cette réflexion, posez-vous la question suivante: « Comment puis-je m'assurer que mes objectifs financiers sont en accord avec mes aspirations de vie, tout en établissant une relation de confiance avec une équipe en gestion de patrimoine qui comprend mes valeurs et mes rêves ? »

FONDEMENT 5 – Proactivité et flexibilité

Une grande flexibilité est mise en œuvre pour faire face aux défis rencontrés. Qu'il s'agisse de situations complexes ou de besoins atypiques, chaque intervention vise à proposer des solutions pertinentes, efficaces et sur mesure. L'objectif: aller au-delà des attentes et mobiliser les ressources nécessaires pour répondre aux enjeux avec justesse.

> *« Puisque l'humain est au cœur de nos préoccupations, chaque décision financière devient un pas vers la réalisation des rêves, car c'est en comprenant les aspirations profondes que l'on bâtit un avenir durable. »*

En fin de compte, un accompagnement véritablement efficace repose sur la mise en place d'un écosystème cohérent, capable de s'adapter aux besoins particuliers de chaque individu. Lorsque les dimensions humaines sont prises en compte au même titre que les considérations financières, les décisions gagnent en justesse, en durabilité et en pertinence. Une telle approche favorise une réussite financière ancrée dans le temps, en harmonie avec les objectifs de vie et les réalités changeantes à chaque étape du parcours.

C'est précisément cette coordination entre les différentes dimensions – humaines, financières et stratégiques – qui renforce la qualité des décisions et les aligne sur des objectifs à long terme, tant pour les individus que pour les entreprises.

Dans cette optique, une approche réellement efficace en gestion financière accorde une place centrale à la personne derrière les chiffres. Plutôt que de s'appuyer sur des solutions standardisées, l'accompagnement gagne en pertinence lorsqu'il prend en compte les valeurs, les aspirations et les priorités propres à chaque individu. Il ne s'agit pas seulement d'optimiser un portefeuille, mais d'élaborer des stratégies en accord avec des objectifs de vie concrets. Une démarche personnalisée permet ainsi de proposer des solutions adaptées et cohérentes avec la réalité et les ambitions de chacun.

Prenons l'exemple d'un entrepreneur qui prévoit vendre son entreprise d'ici cinq ans. Au lieu de chercher uniquement à maximiser la rentabilité à court terme, une approche proactive et intégrée consistera à planifier dès maintenant la fiscalité liée à la vente, à structurer des stratégies successorales, à anticiper la gestion future des liquidités et à mettre en place des protections (assurances, fiducies) pour sécuriser son patrimoine.

En collaborant avec une équipe d'experts comme des fiscalistes, des notaires et des gestionnaires de portefeuille, la stratégie globale peut être continuellement adaptée afin que chaque décision prise aujourd'hui soutienne l'objectif ultime de demain.

Et vous, quelle décision financière importante pourriez-vous mieux préparer dès maintenant en mobilisant autour de vous un écosystème d'experts de confiance ?

L'une des clés d'un accompagnement financier efficace réside dans la centralisation des services. Lorsque l'ensemble des expertises financières est réuni sous un même toit, cela facilite la coordination, accélère les prises de décision et évite les inefficacités souvent observées au sein des approches fragmentées. Ce modèle permet un gain de temps considérable et une meilleure fluidité quant à la gestion des dossiers complexes.

Par ailleurs, une compréhension fine du parcours entrepreneurial – avec ses défis de croissance, ses choix stratégiques et ses enjeux humains – constitue une valeur ajoutée précieuse. Lorsqu'une équipe de conseillers a elle-même traversé des situations comparables, sa capacité à proposer des solutions concrètes et adaptées à la réalité des entrepreneurs s'en trouve renforcée. Cette expérience directe devient un levier pour un accompagnement à la fois pertinent et pragmatique.

Une approche flexible et proactive est essentielle pour répondre aux réalités changeantes des entrepreneurs. Contrairement aux modèles rigides que l'on observe parfois dans certaines institutions, les stratégies ici proposées sont mises au point en temps réel, selon l'évolution des besoins. Les obstacles potentiels sont anticipés avant de devenir des problèmes majeurs, ce qui permet d'offrir rapidement des solutions sur mesure.

L'écosystème mis en place a été spécifiquement conçu pour accompagner les entrepreneurs en croissance. Il mobilise un réseau de ressources, de conseils et de leviers adaptés, visant à concilier ambition financière et structuration organisationnelle. Cet environnement intégré représente l'un des piliers fondamentaux de l'accompagnement puisqu'il fournit un cadre solide et cohérent pour soutenir le développement patrimonial à long terme.

Au cœur de cette approche se trouve la relation de confiance, construite sur le long terme. Loin d'une logique purement transactionnelle, cette relation repose sur une compréhension approfondie des aspirations, des préoccupations et des objectifs propres à chacun. C'est cette confiance mutuelle qui rend possible un accompagnement constant, cohérent et efficace à chaque étape du parcours financier.

Pour optimiser votre gestion de patrimoine, considérez la question suivante : « Comment puis-je m'assurer que mes stratégies financières demeurent flexibles et proactives, tout en anticipant les défis et en ajustant mes décisions afin de maximiser les occasions à chaque étape de mon parcours entrepreneurial ? »

En résumé, cette approche se distingue en raison de sa dimension holistique, humaine et en harmonie avec les réalités entrepreneuriales. Il ne s'agit pas simplement de proposer des services financiers, mais bien d'accompagner chaque parcours de croissance avec une vision fondée sur la confiance, l'efficacité et la personnalisation.

Dans ce chapitre, les fondements de l'écosystème financier, conçu pour soutenir les entrepreneurs dans leur ascension vers la liberté financière, ont été mis en lumière. Vous l'aurez compris, un alpiniste ne peut gravir l'Everest sans une préparation rigoureuse et une équipe chevronnée à ses côtés. Il en va de même pour la réussite financière.

« Chaque étape de votre parcours financier
est un pas décisif vers le sommet, où chaque décision
vous rapproche un peu plus de la réalisation de vos rêves. »

À l'image des guides de haute montagne qui accompagnent les alpinistes sur les pentes escarpées de l'Everest, l'accompagnement que nous proposons vise à anticiper les défis et à éclairer chaque décision stratégique. Comme en alpinisme, il ne s'agit pas seulement d'atteindre le sommet, mais aussi de redescendre avec maîtrise, de stabiliser les acquis et de se préparer aux prochaines étapes de croissance. Chaque pas contribue à l'ascension vers votre Everest financier.

Avant de conclure ce chapitre, nous vous invitons à prendre un moment de réflexion. Ces questions vous aideront à intégrer les apprentissages et à envisager comment les principes partagés peuvent s’appliquer concrètement à votre propre parcours financier. Prenez le temps d’y répondre afin de faire concorder vos actions futures avec vos objectifs.

1. Comment puis-je mieux accorder mes décisions financières avec mes valeurs et mes objectifs de vie pour m’assurer que chaque pas me rapproche de mon sommet personnel ?

2. Quels obstacles financiers ai-je rencontrés jusqu’à présent ? Comment puis-je renforcer ma résilience face aux imprévus pour continuer à progresser malgré les défis ?

3. De quelles ressources ou formes d’accompagnement ai-je besoin pour maximiser l’efficacité de mon parcours financier et atteindre mes objectifs de manière plus fluide et sereine ?

Chaque pas accompli sur le chemin de votre ascension financière vous rapproche du sommet et de la réalisation de vos rêves. En vous appuyant sur des choix éclairés et sur des valeurs humaines, vous construisez bien plus qu’un patrimoine : vous donnez forme à une vision durable, cohérente et porteuse de sens.

CHAPITRE 5

Ascension vers l'excellence : plan, temps et synergie au service de votre réussite

« On atteint les plus hauts sommets en s'entourant des meilleurs alliés et en choisissant chaque appui avec discernement et sagesse. »

Ce chapitre vous invite à revisiter en profondeur la notion d'indépendance financière à travers trois piliers essentiels qui forment la colonne vertébrale d'une ascension fiable et pérenne. D'abord, il met en lumière l'importance de développer un plan structuré et précis, véritable boussole qui oriente chaque décision vers votre sommet financier. Ensuite, il explore l'un des leviers les plus sous-estimés : la maîtrise stratégique du temps, clé pour passer du mode opératoire à une vision à long terme.

Enfin, il révèle la puissance de la synergie et des alliances stratégiques en montrant comment la collaboration amplifie vos résultats bien au-delà de ce que vous pourriez accomplir seul. En reliant ces trois axes, vous découvrirez comment transformer chaque étape de votre parcours financier en une ascension où la rigueur, la délégation et la collaboration deviennent vos meilleurs alliés vers la réussite.

Permettez-nous de prolonger la réflexion sur l'indépendance financière en approfondissant ce concept à la lumière du parcours d'ascension présenté dans les chapitres précédents.

Il a été démontré que l'indépendance financière ne se limite pas à une simple accumulation de chiffres, mais s'incarne plutôt comme une progression vers un sommet personnel – un équilibre subtil entre sécurité matérielle, épanouissement individuel et cohérence avec ses valeurs.

Cette montée vers une plus grande liberté repose sur plusieurs piliers essentiels : la discipline stratégique, la résilience émotionnelle et la gestion proactive des risques. Elle requiert également une approche multidimensionnelle où les leviers de croissance – qu'ils soient liés à la gestion d'actifs, à l'immobilier ou aux placements privés – s'articulent dans une vision d'ensemble cohérente. Enfin, cette ascension se distingue par son caractère évolutif : un parcours jalonné d'étapes, d'acclimatation et d'ajustements, où chaque progression renforce la structure financière et personnelle.

Pour aller plus loin, il importe de rappeler que l'indépendance financière repose avant tout sur une vision claire et structurée. Loin d'être un objectif figé, elle s'apparente à un processus évolutif, capable de s'adapter aux réalités personnelles, économiques et familiales. Sa réalisation exige une stratégie globale combinant une gestion rigoureuse des ressources à une réflexion introspective continue.

Concrètement, l'indépendance financière suppose de définir avec précision ce que signifie pour soi la liberté financière. Est-ce la sécurité, l'autonomie, la capacité de transmettre un patrimoine, ou simplement la possibilité de vivre selon ses propres choix ? Ce cheminement débute toujours par une phase de clarification des objectifs : identifier ce que l'on souhaite véritablement accomplir et comprendre pourquoi cela est important. Chaque décision financière doit puiser sa légitimité dans cette clarté.

Pour être fiable et pérenne, cette quête repose également sur un équilibre dynamique. L'indépendance financière ne s'atteint pas uniquement au moment où l'on cesse de travailler ; elle se maintient et se renforce par des mises au point stratégiques régulières. Cela comprend une gestion proactive des risques, la diversification des investissements, la création de multiples sources de revenus et une capacité d'adaptation face aux imprévus.

Par ailleurs, il est essentiel de reconnaître que l'indépendance financière ne se bâtit pas en solitaire. S'entourer de partenaires compétents, agissant à la fois comme guides et stratèges, permet de structurer minutieusement le parcours. Ces alliés offrent non seulement leur expertise technique, mais aussi un regard éclairé pour réorienter la trajectoire lorsque nécessaire.

L'importance de concevoir un plan stratégique ne saurait être surestimée. Un plan efficace agit comme une boussole, car il définit des objectifs mesurables à court, moyen et long terme, cartographie les ressources disponibles ainsi que les écarts à combler et prévoit des étapes concrètes accompagnées de points de contrôle pour ajuster le cap en cours de route. Ce plan doit demeurer suffisamment souple pour intégrer les imprévus, tout en conservant la rigueur nécessaire pour maintenir la discipline.

En l'absence de plan, les intentions financières restent floues et vulnérables aux aléas extérieurs. Au contraire, s'il est bien structuré, il permet d'anticiper les obstacles, de gérer les réactions émotionnelles face aux turbulences économiques et d'agir avec cohérence plutôt que sous l'impulsion. Il constitue également un repère pour se recentrer régulièrement sur ce qui compte vraiment.

La première étape consiste à évaluer son coût de vie avec lucidité et précision. Il s'agit d'analyser les dépenses actuelles et celles envisagées dans un mode de vie souhaité. Cette clarté permet de chiffrer le revenu minimal requis pour soutenir cette qualité de vie, puis d'identifier les moyens nécessaires pour le générer de façon durable.

C'est à ce moment que les notions de camp de base 2 et de camp de base 3, telles que définies au chapitre 2, prennent tout leur sens. Le camp de base 2 désigne la couverture des besoins essentiels au moyen d'un revenu autonome et résilient, tandis que le camp de base 3 introduit une dimension de liberté élargie, dans laquelle la création de valeur dépasse les besoins fondamentaux pour financer des projets porteurs de sens, d'impact ou de transmission.

Pour élaborer un plan de qualité, plusieurs questions fondamentales méritent d'être posées :

- Quels sont mes objectifs financiers et mes motivations ?
- En combien de temps est-ce que je souhaite les atteindre ?
- Quel niveau de vie est nécessaire pour soutenir ma vision ?
- Quels leviers financiers me conviennent le mieux (placements, immobilier, entrepreneuriat, etc.) ?
- Quelle est ma tolérance au risque et de quelle façon puis-je la refléter concrètement dans mes décisions ?
- Comment vais-je mesurer les progrès et reconnaître les réussites intermédiaires en cours de route ?
- Quelles stratégies ai-je mises en place pour faire face aux imprévus (assurances, fonds d'urgence, révisions périodiques) ?

En résumé, la réussite de l'indépendance financière s'inscrit dans une dynamique d'ascension fondée sur une articulation claire entre vision, structure, planification et discipline. À l'image d'un alpiniste préparant chaque étape de son itinéraire, ce processus exige autant une démarche introspective qu'une rigueur stratégique. Le plan joue ici un rôle central, car il traduit la clarté intérieure en actions concrètes, les aspirations en trajectoire ascendante, et les valeurs en décisions cohérentes.

Cette montée progressive vers une liberté choisie devient à la fois un chemin de croissance personnelle et un projet de construction patrimoniale. Chaque décision d'un plan structuré et adaptable constitue un point d'appui supplémentaire sur la paroi, renforçant ainsi la stabilité de l'ascension et la cohérence du sommet visé.

Alors, votre plan actuel est-il suffisamment clair et structuré pour soutenir votre progression financière ? Si ce n'est pas encore le cas, quelle première étape pourriez-vous poser dès aujourd'hui pour en ériger les fondations ?

Le levier le plus sous-estimé de l'ascension : le temps

Une fois les fondations de votre plan bien en place, une nouvelle forme d'élévation devient accessible. Elle ne repose plus uniquement sur vos ressources financières, mais sur votre capacité à mieux utiliser ce que vous possédez de plus précieux : votre temps. Après avoir clarifié vos objectifs et structuré votre stratégie, il est temps d'examiner un levier souvent négligé, mais déterminant dans l'accélération de votre progression financière : la gestion stratégique du temps.

Dans l'ascension vers l'indépendance financière, il existe une prise décisive souvent ignorée : celle de se réapproprier son temps. Ce principe, popularisé par l'entrepreneur, investisseur et mentor Dan Martell dans son ouvrage intitulé *Buy Back Your Time*, repose sur une conviction simple et puissante : le temps représente le sommet invisible de toute richesse durable. À mesure que l'on gravit les étapes de sa croissance patrimoniale, chaque heure libérée devient un levier supplémentaire vers de nouveaux sommets.

> *« Le temps est le sommet invisible de toute richesse durable. »*

Loin de se limiter à une meilleure gestion de l'agenda, cette approche implique un repositionnement complet du rôle de l'entrepreneur. Il ne s'agit plus d'exécuter, mais de diriger.

Plus l'entrepreneur se libère des opérations quotidiennes, plus il peut se recentrer sur les activités à forte valeur stratégique – celles qui génèrent de la croissance, de l'impact et une concordance avec sa vision à long terme. Selon cette logique, la liberté financière prend tout son sens lorsqu'elle s'allie à la liberté temporelle.

Concrètement, se réapproprier son temps signifie investir consciemment une partie de ses revenus pour déléguer, automatiser ou optimiser les tâches répétitives ou peu structurantes. L'objectif ne se résume pas à gagner du temps, mais bien à établir un espace d'élévation où l'entrepreneur peut réfléchir, structurer, bâtir et orienter son entreprise comme un véritable chef d'expédition vers le sommet.

Ce processus commence par une évaluation lucide de la valeur réelle produite par heure de travail. Si une heure de votre temps peut générer 500 $ de valeur dans des activités à fort rendement (développement stratégique, négociation, création d'actifs), il devient essentiel de déléguer toute tâche dont la valeur est inférieure à 100 $, voire 200 $ de l'heure. Chaque heure mal investie agit alors comme un frein à l'ascension.

Libérer du temps pour mieux s'élever repose sur trois piliers essentiels qui forment une base concrète vers une meilleure altitude entrepreneuriale :

1. **Identifier les tâches à faible valeur stratégique** : repérer toutes les activités qui, bien que nécessaires, ne contribuent ni à la croissance ni à l'impact (comme l'administration, la gestion courante ou la coordination logistique).

2 **Déléguer ou automatiser ces tâches de façon ciblée** : construire un écosystème de soutien, constitué de personnes ou de systèmes capables de prendre en charge ces fonctions avec fiabilité et fluidité, libérant ainsi de précieuses ressources mentales et temporelles.

3 **Réinvestir le temps ainsi libéré dans l'élévation stratégique** : consacrer cette énergie retrouvée aux leviers les plus

puissants, qu'il s'agisse de développer des relations d'affaires, d'innover, de clarifier la vision, d'ajuster le modèle d'affaires à long terme, ou encore de nourrir sa propre vitalité.

Pour mieux comprendre la mise en œuvre concrète de ces piliers, considérons deux exemples parlants. Prenons d'abord le cas de la gestion administrative : un entrepreneur consacre en moyenne de huit à dix heures par semaine à répondre à ses courriels, organiser ses rendez-vous et gérer les tâches opérationnelles du quotidien.

En confiant ces responsabilités à un adjoint virtuel ou en intégrant des outils automatisés, il peut libérer l'équivalent d'une journée entière. Ce temps dégagé peut alors être réinvesti dans des échanges stratégiques avec des partenaires clés ou dans l'élaboration de contenus à forte valeur ajoutée, comme l'écriture d'un livre visant à renforcer sa marque personnelle.

Un autre cas, dans le domaine commercial cette fois. Un dirigeant passe plusieurs heures hebdomadaires à effectuer manuellement des suivis auprès de ses clients. En intégrant un logiciel de gestion de la relation client (GRC) qui centralise, organise et automatise l'ensemble des interactions avec les clients, les prospects et les partenaires, il parvient à systématiser les relances, à optimiser ses taux de conversion et à libérer un temps considérable.

Ce faisant, il accroît l'efficacité des suivis, réduit les risques d'oubli et prépare son équipe à prendre progressivement le relais. Le temps ainsi récupéré peut être réorienté vers l'établissement d'alliances stratégiques ou le développement de sa communauté, renforçant ainsi la portée et la croissance de son activité.

En résumé, racheter son temps, c'est gravir plus rapidement, plus consciemment et avec plus de discernement. C'est adopter la posture de l'entrepreneur-guide, celui qui ne grimpe pas au hasard, mais qui choisit chaque appui avec lucidité. Ce principe s'inscrit parfaitement dans la logique de notre modèle BPI, où la maîtrise des ressources – qu'elles soient financières ou temporelles – devient le facteur clé d'une ascension durable. Une fois au sommet, ce n'est pas le nombre d'heures travaillées qui fait la différence, mais bien la capacité à concentrer son énergie sur ce qui élève véritablement.

Enfin, au-delà du plan d'indépendance financière et des stratégies mises en place, il est essentiel d'optimiser votre état d'esprit de croissance fondé sur l'adaptabilité, l'apprentissage continu et la vision à long terme. C'est en le cultivant que vous pourrez utiliser le levier du temps avec pertinence. L'objectif ultime n'est pas de travailler davantage, mais de faire en sorte que le temps œuvre pour vous, amplifie chaque action posée et renforce chaque étape franchie vers le sommet.

Alors, quelle est la première tâche que vous pourriez déléguer ou automatiser dès maintenant pour libérer un temps stratégique et accélérer votre ascension vers plus de liberté, tant financière que personnelle ?

Élever sa réussite : la puissance de la synergie et des alliances

La capacité à collaborer efficacement et à s'entourer d'experts fiables ne constitue pas seulement un atout pour le développement d'une entreprise, elle représente aussi un pilier fondamental de toute ascension financière. Le principe de délégation éclairée et de travail en synergie s'arrime directement à une idée centrale : optimiser son temps et ses ressources pour se concentrer sur les décisions à forte valeur ajoutée. Lorsque chaque expert met ses compétences au service d'un objectif commun, il devient possible de se libérer des tâches répétitives pour affiner sa trajectoire stratégique.

> *« Plus la structure d'appui est robuste,*
> *plus l'ascension est rapide et fluide. »*

La collaboration, loin d'être ponctuelle, agit comme un véritable accélérateur puisqu'elle réduit la dispersion d'énergie, transforme des défis complexes en solutions concrètes et ouvre la voie à une meilleure maîtrise du temps. Elle invite aussi à réfléchir à un point névralgique : comment mieux structurer un environnement de soutien dans lequel chaque action contribue pleinement à votre ascension ?

À l'intersection de la vision stratégique, de la délégation et de la gestion judicieuse du temps émerge une question essentielle : « Qui, dans votre entourage, pourrait vous permettre d'avancer plus rapidement et plus efficacement vers vos objectifs financiers ? »

Cette réflexion trouve un écho direct dans la manière dont un environnement professionnel bienveillant et performant peut devenir un levier d'élévation. Un cadre fondé sur le partage, le mentorat et l'intelligence collective favorise la montée en compétences et soutient l'émergence d'un leadership pérenne. En cultivant la confiance et l'esprit d'initiative, chaque membre de l'équipe peut devenir un moteur d'innovation et de progrès.

Dans les domaines des placements et de la gestion patrimoniale, cette approche intégrée est essentielle puisqu'elle assure une vision d'ensemble, une exécution harmonieuse et une meilleure maîtrise des risques. La synergie ainsi créée devient un cercle vertueux où la mise en commun des expertises amplifie les résultats et renforce chaque étape du parcours.

Cette dynamique collaborative, dans laquelle la synergie des talents agit comme un puissant effet de levier, se retrouve aussi dans d'autres sphères de haute performance. Qu'il s'agisse du monde financier ou entrepreneurial, la clé du succès réside souvent dans la capacité à établir des alliances de qualité et à s'entourer des bonnes personnes pour élever ses résultats. Mais cette logique d'élévation par la collaboration dépasse le cadre des affaires, car elle s'illustre de manière saisissante dans l'univers du sport de haut niveau.

À ce titre, l'exemple des champions de tennis Rafael Nadal et Novak Djokovic offre une métaphore inspirante : leur rivalité empreinte de respect mutuel démontre comment la complémentarité et l'émulation peuvent pousser chacun à se surpasser et à atteindre des sommets insoupçonnés. Leur histoire reflète avec force cette dynamique d'élévation réciproque qui, tout comme dans une ascension financière, transforme chaque défi en possibilité de croissance et chaque rencontre en tremplin vers l'excellence.

À l'image de ces deux athlètes, un vrai leader ne cherche pas à écraser la concurrence, mais à instaurer un environnement propice à la progression de tous. Dans le monde de l'entreprise, que ce soit en entrepreneuriat ou dans l'ascension financière, cette philosophie se manifeste par une approche collaborative où la réussite collective prime sur les succès individuels.

Ces enseignements sont particulièrement pertinents dans le milieu professionnel où, comme dans le sport, l'excellence découle souvent de la qualité des interactions entre collaborateurs. Tout comme Djokovic a reconnu que Nadal l'avait poussé à se dépasser, un bon leader sait reconnaître et valoriser les apports de ses collègues ou de ses concurrents. C'est en élevant les autres que l'on atteint les plus hauts niveaux de performance – sur le court, comme en entreprise – et particulièrement dans l'ascension vers son propre Everest financier.

En fin de compte, Nadal et Djokovic démontrent que la grandeur ne réside pas seulement dans les victoires individuelles, mais dans la capacité à inspirer les autres à donner le meilleur d'eux-mêmes. Cette attitude établit ainsi un standard d'excellence durable, un nouvel Everest financier qui élève le niveau de jeu de tous ceux qui les entourent.

En ce qui concerne votre propre ascension financière, qui vous incite aujourd'hui à vous dépasser ? Quelle place accordez-vous à la collaboration et à la reconnaissance des talents qui vous entourent ? Comment pourriez-vous renforcer votre cercle d'influence afin de créer un environnement favorable à une élévation collective et pérenne?

Cette approche reflète les principes fondamentaux qui sous-tendent toute ascension financière réussie : s'entourer des bonnes personnes, établir des alliances de confiance et mobiliser des expertises complémentaires pour accélérer sa progression. Appliquée concrètement, cette dynamique se manifeste par l'intégration d'outils structurants tels que le bouclier patrimonial d'investissement (BPI) et la roue multidisciplinaire, présentés dans les chapitres 1 et 3. Ces dispositifs permettent d'harmoniser l'ensemble des composantes clés de l'ascension financière en assurant une vision globale, une exécution cohérente et une anticipation proactive des défis.

Lorsqu'une telle stratégie est rigoureusement mise en œuvre, elle transforme la trajectoire individuelle et renforce la résilience ainsi que la performance globale. Quelles alliances stratégiques mériteraient d'être consolidées dès aujourd'hui pour fortifier vos bases ? Quels talents complémentaires pourriez-vous intégrer à votre cercle d'influence pour accélérer votre progression ? En vous penchant sur ces questions, vous amorcez une démarche d'élévation durable, au service d'une réussite pleinement maîtrisée.

En définitive, l'indépendance financière ne s'improvise pas ; elle se construit patiemment, pas à pas vers votre sommet, grâce à un plan structuré, une gestion judicieuse du temps et une collaboration stratégique avec les bonnes personnes. Ces trois leviers – plan, temps et synergie – forment l'ossature d'une ascension fluide et pérenne. Chaque décision éclairée, chaque délégation ciblée et chaque alliance de confiance vous rapproche de votre sommet personnel. En cultivant un état d'esprit axé sur la croissance continue et en vous entourant d'un écosystème fiable, vous transformez chaque défi en tremplin.

Rappelez-vous que c'est la clarté de votre vision, la maîtrise de vos ressources et la force de vos alliances qui détermineront la portée de votre ascension. À vous maintenant d'orchestrer votre propre conquête avec détermination et lucidité pour atteindre un Everest financier à la hauteur de vos aspirations.

Voici trois questions percutantes à vous poser pour intégrer les apprentissages clés de ce chapitre :

1. Mon plan financier est-il suffisamment détaillé, structuré et adaptable pour soutenir durablement mon ascension vers l'indépendance ?

2. Comment puis-je optimiser dès aujourd'hui l'usage de mon temps afin de me concentrer sur les actions à plus forte valeur stratégique ?

3. Quelles alliances ou collaborations clés devrais-je renforcer ou mettre en œuvre pour accélérer ma progression et atteindre de nouveaux sommets ?

Ainsi, en libérant votre temps, en vous entourant des bonnes personnes et en franchissant chaque étape avec confiance et vision, vous construirez votre ascension financière avec clarté, discipline et audace.

Retenez que les personnes qui vous ont guidé jusqu'au camp de base de votre ascension financière ne seront pas nécessairement celles qui vous aideront à le franchir. Pour gravir votre Everest financier, entourez-vous d'experts capables de vous indiquer la voie et de vous accompagner avec assurance à chaque étape.

De cette façon, les obstacles seront transformés en tremplins vers des sommets que vous n'auriez peut-être jamais envisagé d'atteindre seul. Cela s'applique à l'ensemble des professionnels qui vous entourent – qu'il s'agisse de votre comptable, de votre fiscaliste ou de la personne qui supervise vos finances.

Un **camp de base** est généralement atteint avec l'aide de proches, d'alliés de première ligne, ou même par vos propres moyens. Mais au-delà de ce seuil, la nature du parcours évolue.

L'ascension requiert des compétences spécialisées, une lecture stratégique du terrain et une aptitude à anticiper les conditions changeantes. C'est à ce stade que beaucoup stagnent ou tournent en rond, faute de repères adaptés pour la suite du trajet.

Avez-vous autour de vous des personnes capables de vous accompagner à ce niveau et habituées à guider des leaders dans ce type d'ascension ? Êtes-vous soutenu par des experts qui comprennent la complexité de votre réalité actuelle et qui savent vous faire progresser sans vous freiner ? Ce processus de questionnement est essentiel pour ne pas confondre loyauté relationnelle et pertinence stratégique.

Il est naturel d'éprouver de la gratitude envers ceux qui vous ont aidé à franchir certaines étapes, mais cette reconnaissance ne doit pas freiner votre évolution. Gravir votre Everest financier implique parfois de redéfinir votre cercle de proximité en y intégrant des personnes qui élèvent votre vision, vous défient avec bienveillance et vous aident à penser plus grand.

Dans votre entourage actuel, qui vous incite réellement à sortir de votre zone de confort ? Quelles conversations devriez-vous engager pour élargir votre perspective et révéler vos angles morts ? La croissance, qu'elle soit personnelle ou financière, repose sur des alliances fiables et lucides, ainsi qu'une compréhension partagée de vos aspirations.

Enfin, reconnaissez que l'ascension ne se fait pas seul. Même les grimpeurs les plus aguerris s'entourent d'une équipe expérimentée pour assurer leur progression, leur sécurité et leur stabilité mentale en haute altitude. Il en va de même pour votre parcours financier. Qui joue le rôle de votre guide en ce moment ? Êtes-vous bien entouré pour faire les bons choix, éviter les pièges et prendre du recul face à vos décisions ? Cette introspection marque le point de départ d'un réalignement essentiel.

Grimper jusqu'à votre sommet n'est pas qu'une ambition. C'est un projet de vie qui mérite l'appui des meilleures ressources.

CHAPITRE 6

Conquérir son Everest intérieur : état d'esprit, stratégie et discipline dans l'ascension

« Le succès, comme l'Everest, c'est avancer avec audace, humilité et une équipe solide, en faisant de chaque étape une possibilité de croissance. »

Gravir notre propre Everest financier a été un parcours semé d'embûches, mais aussi une aventure riche en apprentissages. Au sein de ce chapitre, nous partageons avec vous les parallèles fascinants entre l'alpinisme et la gestion des placements et du patrimoine, deux quêtes qui exigent une préparation minutieuse, une grande résilience face aux imprévus, ainsi qu'une gestion avisée des ressources.

Tout comme l'alpiniste qui s'appuie sur ses guides, l'entrepreneur doit s'entourer des bons experts pour surmonter les obstacles et saisir les occasions au bon moment. Inspirés par des figures telles qu'André Agassi – ancien champion de tennis au jeu puissant et à la personnalité marquante, reconnu pour sa capacité à se réinventer malgré les épreuves – et Jim Dew – conseiller en gestion de patrimoine et créateur d'une approche stratégique visant à maximiser le temps, l'argent et la liberté des entrepreneurs –, nous vous présentons les stratégies qui nous ont permis de faire concorder nos valeurs, nos décisions et notre vision à long terme. Ces stratégies vous aideront à transformer vos ambitions en réalisations durables.

Être entrepreneur ressemble à bien des égards à la vie d'un athlète. En effet, tous deux exigent de la constance, de la rigueur et de la discipline au quotidien. Une source d'inspiration marquante en ce sens est André Agassi, ancien champion de tennis de renom ayant marqué l'histoire de ce sport en remportant plusieurs titres du Grand Chelem et en atteignant le rang de numéro un mondial.

Ce qui distingue Agassi, c'est son approche professionnelle. À l'apogée de sa carrière, il était entouré de sept entraîneurs qui l'accompagnaient quotidiennement, incarnant ainsi un modèle d'amélioration continue et d'excellence stratégique. Une telle réalité rappelle que même les meilleurs ont besoin d'être guidés, structurés et soutenus. Ce n'est pas un signe de faiblesse, mais bien une stratégie réfléchie pour assurer des performances durables.

D'ailleurs, de nombreux leaders et entrepreneurs s'entourent de personnes compétentes pour rester en phase avec leurs objectifs. On dit souvent que nous sommes la moyenne des cinq personnes que nous fréquentons le plus. Alors, entourez-vous de personnes qui vous inspirent réellement. Mieux encore, visez à être la personne la moins expérimentée dans la pièce (ou, à la blague, la moins brillante !), car c'est souvent le meilleur endroit pour apprendre et progresser.

Ce besoin d'encadrement s'étend à plusieurs sphères, notamment la santé physique et mentale. Prendre soin de soi devient une condition essentielle pour soutenir le rythme exigeant de la vie entrepreneuriale. Une prise de poids, une baisse d'énergie ou une surcharge mentale sont souvent les premiers signes d'un déséquilibre. Il ne s'agit pas de se juger, mais de reconnaître ces signaux avec lucidité et d'y répondre par des mises au point pertinentes.

Des figures inspirantes comme Dan Martell, entrepreneur canadien, investisseur et coach réputé, spécialisé dans l'accompagnement des fondateurs d'entreprises SaaS (logiciels en tant que service), en témoignent : derrière toute performance visible se cache un engagement rigoureux envers le bien-être personnel. Il souligne d'ailleurs que depuis qu'il a retrouvé une condition physique optimale, sa capacité à générer de la valeur pour ses entreprises a considérablement augmenté, attirant du même coup un nombre croissant d'occasions d'affaires.

Dans les faits, l'équilibre parfait n'existe pas. Toute phase de croissance engendre des tensions : progresser dans un domaine signifie parfois mettre un autre aspect de sa vie en veille. Le vrai défi consiste à rester à l'écoute de ces déséquilibres, à les nommer et à poser les gestes nécessaires pour rétablir une forme d'harmonie.

Ce chemin exige une grande humilité. Reconnaître ses limites, s'entourer des bonnes personnes et effectuer des rectifications constantes, voilà ce qui permet d'avancer et de grandir en tant qu'être humain et leader. L'indépendance financière ne se résume pas à des chiffres : elle repose sur la capacité à effectuer des choix éclairés, à se rendre imputable et à évoluer dans un environnement qui soutient réellement l'intention de vivre libre.

Les coachs jouent justement ce rôle. Ils transmettent leur expertise tout en nous accompagnant, à la manière de guides financiers. Ces professionnels nous aident à garder le cap, à prendre conscience de nos responsabilités et à progresser avec constance.

À l'inverse, lorsque l'on se cache ou que l'on fuit la réalité, on refuse souvent de voir les choses telles qu'elles sont. On se dit : « Mes finances vont à peu près bien », alors qu'en réalité, elles reposent sur des bases fragiles. Pourtant, on ne demande pas d'aide, croyant pouvoir tout gérer seul. Ou pire, on s'appuie sur des conseillers financiers qui ne proposent pas un véritable écosystème de soutien.

L'exemple d'André Agassi nous semble particulièrement parlant. Ce tennisman, qui a occupé le rang de numéro un mondial, a su s'entourer de plusieurs entraîneurs pour demeurer au sommet de sa discipline. Cela illustre une vérité essentielle : pour atteindre des sommets, il ne suffit pas de s'entourer – encore faut-il choisir les bonnes personnes.

Cela soulève des questions importantes. Comment savoir quand il est temps de faire appel à un coach ? Comment reconnaître que vous avez atteint un plafond et qu'un accompagnement différent devient nécessaire ?

Chaque personne croisée sur le chemin professionnel peut offrir une leçon précieuse. Mais à mesure que l'on évolue, les besoins changent, tout comme les compétences requises pour franchir les prochaines étapes. Il arrive un moment où l'on prend conscience, parfois de manière subtile, que l'environnement qui nous a permis de progresser jusque-là ne suffit plus à soutenir l'élévation suivante. Cette prise de conscience, bien qu'inconfortable, exige une réelle humilité.

Certaines situations rappellent avec force une vérité essentielle : l'arrogance ne mène jamais bien loin, même dans les milieux les plus compétitifs. Dans un monde où les apparences peuvent dominer, c'est bien souvent l'attitude humble qui établit les ponts les plus durables et les alliances les plus fécondes. L'humilité devient alors un socle, non pour se diminuer, mais pour demeurer conscient de ce qu'il reste à apprendre et de l'importance de bien s'entourer.

Ce type de posture trouve souvent sa source dans l'enfance, dans les valeurs transmises par le milieu familial. Grandir dans un environnement où l'écoute, l'accompagnement et la bienveillance occupent une place centrale forge une sensibilité particulière. À l'âge adulte, cette sensibilité se manifeste par une volonté d'accompagner les autres avec rigueur et humanité, que ce soit par l'éducation, le soutien psychologique ou, dans certains cas, les outils financiers.

Certaines figures marquent durablement un parcours. Prenons l'exemple d'un mentor qui perçoit un potentiel encore flou, mais prometteur. Parfois, un simple encouragement bien formulé de sa part au bon moment suffit à déclencher une prise d'initiative déterminante, comme l'achat d'une première propriété ou le lancement d'un projet entrepreneurial. Ces élans, portés par la confiance d'un autre, deviennent des jalons fondateurs.

En définitive, l'humilité ne s'oppose pas à l'ambition ; elle en est le fil conducteur silencieux. C'est elle qui permet de grandir sans se perdre, de rester fidèle à ses valeurs et de tisser des relations solides, tant personnelles que professionnelles. C'est aussi cette posture qui rend possible un accompagnement authentique et durable, fondé sur la confiance, l'écoute et le respect mutuel.

Au cœur de tout cela, une constante demeure : l'écoute. Pour bien servir vos clients, quel que soit le secteur dans lequel vous évoluez, il est essentiel d'entrer dans leur univers, de comprendre leurs besoins et d'établir un lien authentique.

C'est d'ailleurs une idée récurrente tout au long de ce livre : notre travail dépasse largement les chiffres. Certains mandats que nous avons menés ont nécessité de longues heures passées avec les clients, non pas pour analyser des tableaux financiers, mais pour écouter leurs histoires, leurs peurs et leurs espoirs. Ces échanges naissent souvent à des moments charnières comme un deuil, une séparation ou une transition majeure. Ces événements rappellent que les finances ne sont qu'un élément parmi d'autres dans la vie d'une personne.

Être un guide financier, c'est marcher aux côtés des clients, comprendre leur réalité et les accompagner, malgré un horaire chargé et la gestion de nombreux dossiers. Chaque client mérite de se sentir unique, comme s'il était le seul et le plus important. Cela exige une présence authentique, une écoute attentive et une maturité émotionnelle qui dépassent largement les compétences techniques.

Chaque client est différent, chaque parcours est singulier. Le rôle de l'équipe en gestion de patrimoine est de s'adapter à ces particularités et d'offrir un accompagnement reposant sur des valeurs profondément humaines. C'est cette approche qui fait toute la différence entre gérer des chiffres et accompagner des vies.

Un bon leader et entrepreneur fait preuve d'humilité en reconnaissant ses limites et en s'entourant des bonnes personnes. Nous sommes convaincus que pour bien progresser, il faut admettre que nous avons tous besoin d'accompagnement, qu'il s'agisse de coachs, de mentors ou d'autres professionnels. Bien entendu, cela demande de la discipline – une composante essentielle du succès, même si elle n'est pas toujours facile à maintenir.

Lorsqu'on observe le parcours de Jim Dew, on comprend qu'il incarne parfaitement le rôle du gestionnaire de patrimoine. Cet expert conseille et prend en charge les finances, les investissements et le patrimoine global de ses clients, mettant de l'avant une approche personnalisée adaptée à leurs objectifs financiers et personnels. Dans sa vision, l'entrepreneur est le moteur de l'ensemble. Ainsi, notre rôle, en tant que gestionnaires et guides financiers, est d'assurer la cohérence entre les différents spécialistes qui l'entourent, comme l'illustre déjà notre roue multidisciplinaire (voir le chapitre 1).

Jim Dew exerce aux États-Unis, un marché où les entrepreneurs disposent souvent de moyens financiers plus importants. Toutefois, son modèle demeure inspirant et transposable à d'autres contextes. Il insiste sur un point fondamental : un entrepreneur ne peut pas tout gérer seul. Le gestionnaire de patrimoine devient alors cette courroie de transmission, ce coordinateur stratégique qui veille à ce que l'entrepreneur soit bien entouré pour réussir.

Cette idée nous ramène à l'exemple d'André Agassi. S'il incarne l'entrepreneur, alors le gestionnaire de patrimoine est celui qui s'assure qu'il dispose de l'équipe idéale pour l'épauler. Ce parallèle soulève une question essentielle à vous poser : « Suis-je entouré des bonnes personnes pour atteindre mon prochain palier ? » Cette réflexion s'applique tout autant à vos propres équipes qu'aux échanges que vous avez avec vos clients.

Enfin, le rôle d'une équipe de conseillers est aussi d'éveiller la conscience et d'éduquer afin que les clients soient en mesure de prendre les meilleures décisions. Cela implique des conversations sincères et approfondies qui les amènent à se poser les bonnes questions : « Qui peut réellement m'aider à progresser ? Quels changements dois-je envisager pour continuer à grandir ? »

L'art de bâtir son écosystème financier

Le rôle d'un gestionnaire de placements et de patrimoine va bien au-delà de la simple gestion de chiffres. Il s'agit d'endosser la fonction d'un architecte de richesse, accompagnant les clients dans la construction d'une vie cohérente avec leurs valeurs et leurs objectifs. Les travaux de Jim Dew illustrent avec justesse cette approche novatrice, démontrant comment une vision intégrée et stratégique du patrimoine peut transformer des trajectoires de vie.

L'une des idées maîtresses qu'il met de l'avant concerne l'importance de l'humilité et de la transparence. Selon lui : « Vous avez des compétences extraordinaires pour générer des revenus, mais ce n'est qu'en acceptant de dévoiler votre vulnérabilité que vous pourrez réellement prospérer. » Cette perspective rappelle combien il est essentiel pour les entrepreneurs souvent accaparés par une multitude de responsabilités de s'ouvrir sur leurs défis afin de recevoir des solutions adaptées et un regard extérieur pertinent.

Jim Dew rappelle également que, même s'il est au centre de son écosystème, l'entrepreneur ne peut pas tout gérer seul : « Le gestionnaire de patrimoine est comme une courroie qui relie les bonnes personnes pour faire avancer la machine. »

Cette image met en lumière l'importance cruciale de la collaboration entre différents experts – comptables, avocats, conseillers fiscaux – afin d'offrir une vision globale, cohérente et stratégique. L'objectif est limpide : instaurer une synergie efficace et bâtir autour de l'entrepreneur une équipe de confiance, ce qui lui permet de se concentrer pleinement sur ses forces clés comme l'innovation, la création de valeur et le leadership.

De plus, ce qui ressort de la philosophie de Jim Dew, c'est son approche humaine et personnalisée. En effet, il affirme : *« Chaque client est une histoire, et chaque décision financière est un chapitre de sa vie. »* Cette conception invite à repenser l'accompagnement offert. Ainsi, chaque choix financier doit non seulement répondre à des besoins économiques, mais aussi refléter les aspirations personnelles et familiales du client.

C'est pour cette raison qu'il importe d'apprendre à connaître véritablement chaque client, de poser les bonnes questions et de saisir la singularité de son univers. Comme l'exprime Jim Dew : *« Vos valeurs, vos relations et vos objectifs sont les fondations de votre succès financier. »* Cette conviction oriente chaque interaction afin que les conseils prodigués soient toujours en cohérence avec les priorités du client.

Jim propose également un concept central : la gestion de patrimoine fonctionnelle, qu'il décrit comme « *une médecine financière préventive qui anticipe les problèmes avant qu'ils ne surviennent* ». Cette approche permet d'agir en amont pour éviter des écueils fréquents, tels que le manque de diversification ou l'absence de stratégie successorale. Le rôle du gestionnaire de patrimoine devient alors celui d'un stratège attentif : il anticipe, planifie et met en œuvre, tout en demeurant suffisamment agile pour adapter les stratégies en fonction des évolutions de la vie.

Ce qui frappe particulièrement dans cette vision, c'est la place centrale accordée à l'inspiration. Jim Dew résume ainsi le rôle du gestionnaire de patrimoine : *« Votre travail est de transformer la complexité en clarté. »* Cette phrase illustre à merveille la mission : simplifier le parcours afin de permettre aux clients d'avancer avec confiance en leur fournissant les repères et les outils nécessaires pour réussir.

À travers cette approche, on redécouvre la puissance d'un rôle axé sur l'humain, où la finance devient un levier au service d'un projet de vie plus vaste. L'objectif demeure le même : accompagner les clients dans la gestion de leur patrimoine et dans la concrétisation de leurs aspirations.

Atteindre des sommets financiers exige bien plus que des compétences techniques. En effet, cela requiert du courage, de l'humilité et une vision claire. Tout au long de votre ascension, vous devrez vous appuyer sur des bases fiables, faire preuve de résilience face aux défis et collaborer avec des experts qui partagent vos valeurs.

Chaque étape deviendra ainsi une occasion d'apprendre et d'adapter vos stratégies. En mettant vos objectifs financiers en phase avec vos aspirations personnelles, vous pourrez atteindre vos buts et inspirer ceux qui vous entourent à gravir leurs propres sommets.

Pour vous aider à intégrer les principaux apprentissages de ce chapitre, nous vous invitons à réfléchir aux questions suivantes :

1. Quels outils ou quelles stratégies pouvez-vous mettre en place dès aujourd'hui pour consolider les fondations de votre parcours financier ?

2. Comment réagissez-vous face aux imprévus ? Quelles approches de résilience pourriez-vous adopter pour maintenir votre progression ?

3. Qui pourrait jouer le rôle de guide financier dans votre parcours et comment pourriez-vous mieux vous entourer pour atteindre vos objectifs ?

Chaque pas vers votre Everest financier est un acte de courage et de lucidité. En conjuguant préparation, persévérance et collaboration, vous transformerez chaque sommet atteint en tremplin vers de nouvelles réussites.

CHAPITRE 7

Décisions éclairées, avenir maîtrisé : déjouer les biais cognitifs pour guider son ascension financière

« Ce n'est pas ce que vous voyez, mais comment vous le voyez qui façonne vos décisions. »

Naviguer dans le monde des finances personnelles et des placements peut s'avérer complexe. Ce chapitre vous invite à découvrir les clés d'une prise de décision éclairée en identifiant les pièges mentaux qui nous guettent tous. Nous commencerons par les principes fondamentaux d'une gestion financière prudente et équilibrée, puis nous aborderons l'influence des émotions et des pressions sociales sur nos choix.

Puis, nous mettrons en lumière huit biais cognitifs fréquents, véritables filtres invisibles qui altèrent nos jugements financiers. À l'aide d'exemples concrets et d'outils pratiques, vous apprendrez à repérer ces biais, à poser les bonnes questions et à prendre des décisions en accord avec vos objectifs à long terme. Ce voyage au cœur de la psychologie financière vous permettra de renforcer les bases de votre indépendance financière.

À travers ce chapitre, nous verrons comment surmonter les biais cognitifs et les pièges mentaux pour vous permettre d'atteindre vos sommets financiers avec la même préparation et détermination que les alpinistes chevronnés.

Les meilleures décisions financières reposent sur une connaissance approfondie des pièges courants et sur l'adoption de stratégies adaptées pour les éviter. Cet équilibre est essentiel pour protéger et faire fructifier vos finances tout en érigeant des fondations solides pour l'avenir.

Prendre des décisions financières éclairées exige de s'appuyer sur un cadre structuré, fondé sur des outils et des principes qui permettent d'évaluer chaque option avec discernement et objectivité. Plutôt que de céder à la tentation d'une occasion prometteuse mais incertaine, il est souvent préférable de préserver ce que vous avez patiemment construit. Retenez que dans un monde où les promesses financières peuvent être illusoires, la prudence demeure bien souvent la stratégie la plus gagnante.

D'après notre expérience, la réussite financière est rarement le fruit de décisions impulsives. Elle repose plutôt sur une vision à long terme fondée sur la patience et la discipline. Trop souvent, la quête de gains rapides conduit à des erreurs coûteuses. Par exemple, face à des crises passagères, de nombreux investisseurs paniquent et prennent des décisions hâtives, comme vendre des actifs à perte. Ces réactions précipitées peuvent faire perdre des occasions précieuses. Le temps, au contraire, est un allié puissant dans l'atteinte de votre Everest financier : chaque décision stratégique, cohérente avec vos objectifs de vie, vous en rapproche un peu plus.

Les choix financiers ne se prennent jamais lors d'un vide émotionnel. La peur de manquer une occasion ou la tentation de suivre les tendances peuvent altérer le jugement. Nous avons observé que les émotions, bien qu'inévitables, sont souvent de mauvaises conseillères. Les événements de vie marquants, tels qu'une séparation, un deuil ou une rentrée d'argent importante, accentuent ce défi.

Dans de tels moments, il est primordial de s'appuyer sur des données objectives et d'éviter de décider sous l'emprise de la peur ou de l'euphorie. Une approche disciplinée et résiliente permet non seulement de faire de meilleurs choix financiers, mais aussi de bâtir une véritable indépendance fidèle à vos valeurs.

Enfin, sachez que nous sommes tous soumis à des biais inconscients qui influencent nos décisions. Ces mécanismes naturels peuvent fausser notre jugement si nous n'en prenons pas conscience. Développer une intelligence financière consiste non seulement à éviter ces pièges, mais aussi à poser les bonnes questions et à analyser chaque situation avec discernement.

Dans les sections suivantes, nous explorerons huit biais cognitifs fréquents qui influencent les décisions financières de la plupart d'entre nous :

1. La tendance à confirmer ses croyances ;
2. L'influence du premier repère ;
3. L'impact de la formulation sur nos choix ;
4. L'illusion du « Je le savais ! » après coup ;
5. La surestimation de ses capacités ;
6. Les décisions influencées par les informations les plus accessibles ;
7. Le réflexe de suivre la majorité sans réfléchir ;
8. Les décisions dictées par la peur des pertes ou des gains.

Avant d'aborder chacun de ces biais, il est important de comprendre leur impact sur nos décisions financières. Les biais cognitifs agissent comme des filtres invisibles qui déforment notre perception des situations et influencent nos choix, souvent à notre insu. Ils prennent racine dans nos instincts, nos expériences passées et nos émotions, rendant les décisions financières d'autant plus complexes et délicates.

Apprendre à repérer ces pièges mentaux et à les contourner vous permettra de prendre des décisions plus réfléchies, en cohérence avec vos objectifs à long terme. Explorons maintenant ces huit biais un à un, à l'aide d'exemples concrets et de questions clés pour éclairer vos choix financiers.

1) La tendance à confirmer ses croyances

Cette tendance se manifeste lorsqu'une personne accorde une importance démesurée aux informations qui soutiennent ses convictions ou hypothèses existantes, tout en rejetant ou en ignorant celles qui les contredisent. Ce mécanisme peut limiter la capacité à analyser une situation de façon objective et mener à des décisions peu judicieuses.

Par exemple, un investisseur pourrait ignorer des signaux négatifs concernant une entreprise simplement parce qu'il croit fermement en son potentiel. Dans la vie quotidienne, ce biais freine l'apprentissage et empêche de s'ouvrir à d'autres perspectives.

Pour y remédier, il est utile de rechercher activement des opinions divergentes et de remettre en question ses propres certitudes. Gardez à l'esprit qu'une hypothèse, même convaincante, mérite toujours d'être confrontée à des points de vue opposés afin d'éviter l'excès de confiance.

Exemple de scénario en gestion de patrimoine : Un investisseur est persuadé qu'un secteur technologique précis connaîtra une croissance continue. Ignorant les mises en garde sur la volatilité du marché, il refuse de diversifier son portefeuille. Résultat : lors d'une correction boursière, il subit alors des pertes importantes.

Voici quelques questions à considérer pour évaluer votre tendance à confirmer vos croyances :

1. Cherchez-vous activement des informations qui pourraient contredire vos idées ou hypothèses actuelles ?

2. Accordez-vous davantage de poids aux données qui confirment ce que vous croyez déjà ?

3. Prenez-vous en compte les avis professionnels divergents avant de prendre une décision financière ?

2) L'influence du premier repère

L'influence du premier repère survient lorsqu'une première information exerce un poids démesuré sur les décisions ou jugements qui suivent. Par exemple, si un prix initialement proposé est élevé, toute réduction subséquente semblera avantageuse, même si le nouveau prix demeure excessif. Dans les décisions financières, notamment lors de négociations, ce biais peut empêcher d'évaluer objectivement la véritable valeur d'un bien ou d'une occasion.

Pour le contrer, il est important d'étudier plusieurs points de comparaison et d'évaluer chaque décision de manière indépendante. Rappelez-vous que la première impression peut être trompeuse. Consulter différentes sources et perspectives avant de prendre une décision vous aidera à éviter des erreurs coûteuses.

Exemple de scénario en gestion de patrimoine : Lors d'une négociation pour l'achat d'un bien immobilier, le vendeur annonce un prix initial très élevé. L'acheteur, influencé par ce premier repère, accepte un prix encore trop élevé après négociation, croyant avoir obtenu une bonne affaire grâce à la réduction consentie.

Voici quelques questions à vous poser pour évaluer l'influence du premier repère sur vos décisions :

1. Vous laissez-vous influencer par le premier chiffre ou la première information reçue lors d'une négociation ou d'une prise de décision ?

2. Prenez-vous le temps d'examiner plusieurs sources afin de replacer l'information initiale dans son contexte ?

3. Avez-vous tendance à évaluer un choix uniquement en comparaison avec la première option qui vous a été présentée ?

3) L'impact de la formulation sur nos choix

Il désigne la tendance à réagir différemment à une même information selon la manière dont elle est présentée. Par exemple, une option présentée comme ayant « 90 % de chances de réussite » paraîtra plus attrayante qu'une autre mentionnant « 10 % de risque d'échec », même si les deux sont identiques.

Ce biais est courant dans les domaines financiers, médicaux ou commerciaux. Pour s'en prémunir, il est essentiel d'analyser les données sous plusieurs angles et de se concentrer sur les faits plutôt que sur la manière dont ils sont exprimés. Souvenez-vous que ce n'est pas seulement ce que vous percevez, mais la manière dont vous l'interprétez qui influence vos décisions.

Exemple de scénario en gestion de patrimoine : un client doit choisir entre deux fonds de placement. Le premier est présenté comme ayant « 70 % de probabilité de rendement positif », le second comme ayant « 30 % de risque de rendement négatif ». Bien que les résultats soient identiques, la majorité des investisseurs optent pour le premier, influencés par la formulation rassurante.

Voici quelques questions à considérer pour évaluer l'impact de la formulation sur vos choix :

1. Prenez-vous des décisions différentes selon que l'information vous est présentée de manière positive ou négative ?

2. Analysez-vous systématiquement les deux facettes d'une proposition (bénéfices et risques) avant de faire un choix ?

3. Vous est-il déjà arrivé de revoir votre décision après avoir envisagé une information sous un autre angle ?

4) L'illusion du « Je le savais ! » après coup

Cette illusion pousse à croire qu'un événement passé était plus prévisible qu'il ne l'était en réalité. Ce biais peut conduire à porter un jugement injuste sur les décisions antérieures en oubliant les informations qui étaient réellement accessibles au moment des faits. Par exemple, après une chute boursière, certains affirment qu'elle était « évidente », alors qu'aucun indicateur clair ne la laissait présager.

Reconnaître les limites de la prévisibilité est primordial pour évaluer ses décisions avec justesse et préparer les choix futurs sans céder au reproche ou au découragement. Les leçons du passé sont précieuses, mais elles ne doivent pas être interprétées comme des certitudes qu'il aurait été possible d'anticiper.

Exemple de scénario en gestion de patrimoine : Après une chute des marchés, un investisseur reproche à son conseiller de ne pas l'avoir anticipée, affirmant qu'il était « évident » qu'elle surviendrait, bien que rien ne le prouvait au moment des décisions.

Considérez les questions suivantes pour évaluer ce biais :

1. Avez-vous tendance à croire qu'un événement était évident une fois qu'il s'est produit ?

2. Analysez-vous vos décisions passées en tenant compte des informations réellement disponibles au moment où elles ont été prises ?

3. Avez-vous déjà reproché une décision sans considérer le contexte et les limites de l'époque où elle a été prise ?

5) La surestimation de ses capacités

Ce biais se manifeste lorsqu'une personne surestime ses compétences, ses connaissances ou sa capacité à prédire des résultats. Cette perception erronée peut conduire à prendre des risques excessifs ou à ignorer des signaux d'avertissement.

Par exemple, un entrepreneur peut croire à tort que son entreprise ne faillira pas grâce à ses compétences exceptionnelles, négligeant ainsi les aléas du marché.

Reconnaître ses propres limites, solliciter des avis extérieurs et diversifier ses décisions sont des stratégies efficaces pour atténuer ce biais. Gardez à l'esprit que la confiance en soi est une qualité inestimable, mais qu'un excès de confiance peut s'avérer périlleux, particulièrement dans le domaine financier.

Exemple de scénario en gestion de patrimoine : Un entrepreneur, convaincu de ses compétences, investit l'ensemble de ses économies dans son entreprise sans écouter les conseils de diversification. Lorsqu'une récession imprévue survient, il subit une perte totale de ses investissements, illustrant les conséquences possibles d'une confiance excessive.

Voici quelques questions pour évaluer votre tendance à surestimer vos capacités :

1. Est-ce que vous vous considérez, consciemment ou non, comme plus compétent ou plus avisé que la moyenne dans votre domaine ?

2. Avez-vous déjà ignoré les conseils d'experts en pensant savoir mieux ?

3. Vous est-il arrivé de sous-estimer les obstacles ou les risques en prenant des décisions importantes ?

6) Les décisions influencées par les informations les plus accessibles

Ce biais survient lorsque nos jugements et décisions sont guidés par des informations immédiatement accessibles, marquantes ou récentes, au détriment d'une analyse plus large et objective. Par exemple, une nouvelle choquante rapportant un krach boursier peut pousser un investisseur à vendre précipitamment ses actifs.

Ce réflexe émotionnel s'explique par le fait que notre cerveau accorde plus de poids aux informations frappantes ou récentes au lieu de s'appuyer sur des données complètes et des tendances de long terme. Pour limiter ce biais, il est essentiel de diversifier ses sources, d'analyser les faits dans leur ensemble et de replacer chaque événement dans un contexte plus large. Il faut aussi apprendre à prendre du recul, à s'extraire de l'émotion du moment pour observer la situation avec la plus grande objectivité possible. Gardez en tête que ce qui attire le plus l'attention n'est pas toujours ce qui reflète le mieux la réalité.

Exemple de scénario en gestion de patrimoine : Un investisseur, marqué par la faillite très médiatisée d'une entreprise technologique, décide d'éviter complètement ce secteur. En agissant ainsi, il passe à côté de nombreuses occasions de croissance et de rendement, influencé davantage par l'impact émotionnel d'une information isolée que par une analyse rationnelle.

Voici des questions à considérer pour évaluer votre tendance à fonder vos décisions sur les faits les plus accessibles :

1. Vos décisions s'appuient-elles principalement sur des informations récentes ou marquantes au lieu d'une analyse approfondie et globale ?

2. Avez-vous tendance à accorder une importance excessive à des événements mémorables ou exceptionnels dans vos choix financiers ?

3. Prenez-vous le temps de vérifier si les informations accessibles sont réellement représentatives de l'ensemble de la situation ?

7) Le réflexe de suivre la majorité sans réfléchir

Ce biais apparaît lorsqu'une personne suit les décisions ou les actions d'un groupe, même si celles-ci contredisent son propre jugement ou les faits. Ce comportement est souvent alimenté par la peur de manquer une occasion ou d'avoir tort en restant seul à l'écart. Dans les marchés financiers, il peut conduire à des bulles spéculatives, où l'euphorie collective pousse les investisseurs à des choix irréfléchis.

Développer une pensée critique et prendre du recul face aux pressions sociales permet de contrer ce biais. Rappelez-vous que le courage de penser différemment et de s'en tenir à une analyse rationnelle est souvent la clé d'une réussite durable, surtout dans un monde où les comportements conformistes dominent.

Exemple de scénario en gestion de patrimoine : Lors d'une bulle spéculative, un investisseur achète des actifs surévalués simplement parce que « tout le monde le fait ». Lorsque la bulle éclate, il subit d'importantes pertes qu'il aurait pu éviter en suivant son propre discernement.

Considérez les questions suivantes pour évaluer votre tendance à suivre la majorité sans réfléchir :

1. Vous est-il déjà arrivé de prendre une décision uniquement parce que beaucoup d'autres personnes faisaient le même choix ?

2. Ressentez-vous parfois une pression sociale ou professionnelle qui vous pousse à suivre un groupe sans prendre le temps d'analyser les faits par vous-même ?

3. Vous êtes-vous déjà demandé si vous preniez une décision pour éviter d'être le seul à vous tromper ?

8) Les décisions dictées par la peur des pertes ou des gains

Les individus ont tendance à redouter davantage une perte potentielle qu'à se réjouir d'un gain équivalent. Cette aversion peut les pousser à privilégier des décisions excessivement prudentes, même lorsque le risque est mesuré. Par exemple, un investisseur pourrait opter pour un rendement modeste mais garanti, en négligeant une possibilité plus avantageuse présentant pourtant un risque raisonnable.

Reconnaître cette peur des pertes permet d'évaluer les choix de manière plus lucide et équilibrée. Gardez en tête que la capacité à apprécier objectivement la relation entre le risque et la récompense constitue l'une des clés d'une gestion financière saine et durable.

Exemple de scénario en gestion de patrimoine : Un client refuse d'investir dans un fonds à haut rendement, préférant conserver un placement peu rentable par crainte de perdre une partie de son capital initial, malgré un historique favorable de croissance à long terme.

Voici quelques questions à considérer pour évaluer votre propension à prendre des décisions sous l'effet des pertes et des gains :

1. Évitez-vous fréquemment certaines occasions par crainte de perdre, même lorsque le potentiel de gain est significatif ?

2. Avez-vous tendance à accorder plus d'importance aux risques qu'aux bénéfices dans vos prises de décision ?

3. Vous est-il déjà arrivé de renoncer à une option pourtant avantageuse par peur d'échouer ou de perdre une partie de vos acquis ?

> *« Chaque décision prise aujourd'hui contribue à votre liberté financière de demain. »*

Prendre des décisions financières éclairées repose sur un juste équilibre entre une analyse rationnelle, une gestion saine des émotions et une conscience accrue des biais cognitifs qui influencent nos jugements. En cultivant une vision à long terme et en reconnaissant les schémas mentaux qui peuvent nous piéger, vous serez mieux outillé pour éviter des erreurs coûteuses et poser des gestes stratégiques en accord avec vos valeurs et vos objectifs.

Ce chapitre vous a présenté des outils concrets pour reconnaître ces biais cognitifs et vous a offert des pistes pour renforcer votre résilience face aux pressions sociales et aux imprévus de la vie. Rappelez-vous que chaque décision prise aujourd'hui contribue à votre liberté financière de demain. En maîtrisant ces concepts, vous serez mieux préparé à naviguer dans les complexités du monde financier avec confiance et lucidité.

Tout comme la conquête de l'Everest, la quête de l'indépendance financière est une aventure exigeante qui requiert une préparation minutieuse, une discipline constante et une gestion réfléchie des risques. De la même manière que les alpinistes étudient leur itinéraire, s'acclimatent progressivement et adaptent leurs stratégies aux imprévus, une gestion financière éclairée demande une évaluation continue des choix d'investissement et une vision à long terme.

Les parallèles s'étendent également à la nécessité de faire preuve de résilience face aux obstacles. L'alpiniste doit affronter les intempéries et les terrains dangereux, alors que l'investisseur doit composer avec les crises économiques, les erreurs de jugement ou les émotions qui troublent ses décisions. Ces défis soulignent l'importance de s'entourer d'une équipe compétente afin de sécuriser toutes les étapes du parcours et de prendre chaque décision avec objectivité.

Enfin, une fois le sommet atteint, les deux aventures rappellent combien il est essentiel de stabiliser ses acquis. Pour l'alpiniste, la redescente vers le camp de base est aussi cruciale que l'ascension elle-même. De même, la consolidation des acquis financiers et la planification successorale assurent la pérennité et la transmission d'un patrimoine bien structuré.

Voici trois questions à vous poser pour intégrer les principaux apprentissages de ce chapitre :

1. Quels sont les biais cognitifs qui influencent le plus vos décisions financières et comment pourriez-vous les atténuer ?

2. De quelle manière vos émotions ou les pressions sociales affectent-elles vos choix financiers, et quels outils pourriez-vous utiliser pour garder le cap sur vos objectifs ?

3. Quelles stratégies pourriez-vous mettre en place pour adopter une vision à long terme et éviter les décisions impulsives ?

Chaque choix financier réfléchi vous rapproche d'une liberté durable et d'une vie cohérente avec vos valeurs.

CHAPITRE 8

L'appel du sommet : définir son Everest financier selon ses propres règles

« Tout comme l'alpiniste gravit son Everest avec détermination et stratégie, chaque étape de votre parcours financier vous rapproche de votre sommet. »

Après avoir exploré en profondeur l'univers fascinant des biais cognitifs et leur incidence sur nos décisions financières, il devient évident qu'une ascension vers l'indépendance ne peut se faire sans lucidité ni conscience. En apprenant à reconnaître ces pièges invisibles, nous développons un regard plus critique, plus stratégique sur chacun de nos choix. Cette prise de conscience constitue l'un des premiers jalons essentiels vers un sommet plus personnel : celui de votre Everest financier.

Prendre conscience de nos biais ne suffit pas, encore faut-il savoir où l'on va. C'est ici qu'un tournant majeur se dessine dans votre parcours, car derrière chaque décision se cache une intention, et derrière chaque intention, un sommet à définir avec clarté. Il ne s'agit plus seulement d'éviter les erreurs, mais de choisir délibérément la montagne que vous souhaitez gravir.

Cette nouvelle étape de votre ascension appelle une réflexion plus intime et personnelle : « Quelle est votre vision du sommet ? Et selon quelles règles souhaitez-vous y parvenir ? »

Définir son Everest financier, c'est choisir de tracer sa propre voie plutôt que de suivre aveuglément celle dictée par les autres ou par les normes du marché. C'est distinguer ce qui est véritablement essentiel pour vous, ce qui mérite d'être investi (en énergie, en temps et en ressources) de ce qui n'est qu'une illusion de réussite. Cette démarche demande autant de rigueur que d'audace : la rigueur pour élaborer un plan réaliste et adapté à votre situation, l'audace pour affirmer clairement vos aspirations, même lorsqu'elles s'écartent des sentiers battus.

Tracer la voie : établir une planification solide

L'accompagnement proposé s'adresse à ceux et celles qui souhaitent gravir leur Everest financier. La clientèle ciblée est principalement constituée de chefs d'entreprise, également actionnaires de leur société. Ces entrepreneurs évoluent souvent dans un contexte de forte croissance, avec des responsabilités importantes et peu de temps pour gérer leur patrimoine. Ils recherchent des professionnels de confiance à qui déléguer la gestion de leurs actifs personnels et familiaux.

Parmi les profils fréquemment rencontrés, on retrouve :

- **Des entrepreneurs ayant récemment vécu un événement de liquidité**, tel qu'une vente d'entreprise ou la réception d'un héritage ;
- **Des professionnels issus de divers secteurs** – avocats, médecins, spécialistes en technologies de pointe – qui souhaitent optimiser la structuration de leur patrimoine. S'y ajoutent des cadres supérieurs et des dirigeants d'entreprise, souvent à la tête de compagnies en forte croissance, qui recherchent des stratégies sur mesure pour sécuriser, développer et transmettre efficacement leurs actifs. Chacun de ces groupes présente des enjeux distincts, qu'il s'agisse de maximisation fiscale, de planification successorale ou d'assurance de la pérennité financière à long terme ;

- **Des personnes ayant connu une carrière remarquable**, maintenant prêtes à amorcer une transition vers un mode de vie axé sur la liberté financière et la qualité de vie.

« Ne pas planifier, c'est planifier son échec. »

Au cœur de cette démarche, comme déjà mentionné, il est essentiel de disposer d'un plan d'indépendance financière écrit, structuré et révisé chaque année. Pourquoi ? Parce qu'un objectif sans plan n'est qu'un vœu. Dans un environnement aussi dynamique et imprévisible que celui de la croissance entrepreneuriale, ne pas planifier, c'est planifier son échec.

Parmi les défis fréquemment rencontrés par ces clients, on retrouve :

1. Manque de temps et complexité accrue : Ces clients jonglent avec de nombreuses priorités et responsabilités, ce qui les empêche souvent d'approfondir leur compréhension des options financières qui s'offrent à eux. Submergés par une abondance d'informations, ils manquent d'un cadre clair pour agir avec discernement.

2. Gestion des transitions majeures : Des événements tels que la vente d'une entreprise, un héritage ou un divorce entraînent des afflux soudains de liquidités qui exigent de rapides mises au point stratégiques. Ces moments charnières, souvent chargés d'émotions, nécessitent du recul, de l'analyse et une coordination étroite entre plusieurs experts. Ils posent non seulement des défis financiers, mais aussi des transformations psychologiques et personnelles.

3. Stress lié à la gestion d'entreprise : Le poids des responsabilités opérationnelles – gestion des ressources humaines, innovation, obligations fiscales – épuise souvent leur énergie et leur motivation à poursuivre leur rôle traditionnel. Ce stress altère leur clarté mentale et leur capacité à prendre des décisions financières éclairées.

4. Nécessité de repenser leur avenir : Une question fondamentale se pose : « Quelles sont mes aspirations une fois la sécurité financière atteinte ? » Ce moment de bascule les invite à redéfinir leurs priorités : continuer à contribuer activement, réinvestir dans leur communauté ou prendre du recul pour vivre autrement. Leur indépendance financière devient alors un moyen au service du sens plutôt qu'une fin en soi.

5. Accompagnement inadéquat : Certains clients arrivent avec des stratégies fragmentées, adaptées à un contexte antérieur, mais devenues inadaptées à la complexité de leur situation actuelle. Ils recherchent des partenaires capables de comprendre leur vision globale, de remettre en question leurs angles morts et de bâtir une stratégie cohérente avec leur trajectoire de vie.

En résumé, réussir son ascension financière nécessite bien plus qu'un bon portefeuille. Cela requiert un plan, une vision lucide et un accompagnement à la fois rigoureux et humain. L'indépendance financière durable ne se décrète pas : elle se construit, se structure, se réajuste et se planifie.

Vous l'aurez compris, la majorité de nos clients se retrouvent souvent dans des situations complexes où le temps, la gestion du patrimoine et la planification financière représentent de véritables défis. Vous faites peut-être partie de ces entrepreneurs ou de ces professionnels à hauts revenus disposant d'un patrimoine financier substantiel, parfois supérieur à un million de dollars.

Pourtant, malgré la valeur des actifs, il n'est pas rare de constater que la structure financière demeure peu organisée ou insuffisamment optimisée. Cette situation peut engendrer un sentiment de vulnérabilité, même lorsque les ressources semblent abondantes.

Dans un quotidien souvent intense et surchargé, marqué par la gestion simultanée de responsabilités professionnelles et personnelles, le temps semble parfois filer entre nos doigts. Cette cadence soutenue laisse peu de place pour structurer efficacement ses finances ou prendre le recul nécessaire pour réfléchir sereinement à l'avenir.

L'indépendance financière fait partie des aspirations les plus répandues. Nombreux sont ceux qui souhaitent alléger leur charge de travail, retrouver un mode de vie plus équilibré et assurer leur sécurité financière à long terme. Cet objectif, légitime et essentiel, requiert un accompagnement attentif pour être atteint sans compromis sur les ambitions ni sur les projets de vie.

L'expérience montre que bien des personnes se heurtent à des obstacles semblables lorsqu'il s'agit de gérer leur patrimoine. Voici quelques enjeux fréquents qui peuvent freiner la progression vers ces objectifs.

1) Manque de planification

Beaucoup tardent à revoir leur situation financière. Par exemple, il est fréquent de repousser le rendez-vous annuel avec son équipe de conseillers, un moment pourtant crucial pour optimiser la fiscalité ou les placements. Imaginez cela comme une voiture de course : sans arrêts réguliers pour un entretien minutieux, ses performances risquent de décliner rapidement.

Pour évaluer la nécessité d'arrêts réguliers permettant d'améliorer la planification financière et de mettre en place des mesures concrètes afin d'éviter les effets négatifs d'une gestion négligée, il est pertinent de se poser la question suivante : « Suis-je suffisamment proactif dans la gestion de mon patrimoine pour repérer et saisir les possibilités d'optimisation avant qu'elles ne disparaissent ? »

2) Perception de complexité

Pour beaucoup, la gestion patrimoniale peut s'avérer une tâche lourde et complexe. Par exemple, devoir rassembler une dizaine de documents pour une planification peut sembler décourageant, même si cela ne représente qu'une heure de travail ciblé. Cette perception peut freiner les démarches, mais elle peut être surmontée grâce à une approche claire et structurée.

Pour dépasser ce sentiment de complexité et avancer vers des solutions concrètes et accessibles, il peut être utile de se demander : « Quelles actions concrètes puis-je entreprendre dès aujourd'hui pour simplifier la gestion de mon patrimoine et transformer cette tâche en une étape accessible et productive ? »

3) Attentes non satisfaites

Il est fréquent que certaines personnes aient vécu des expériences où elles se sont senties mal accompagnées ou peu écoutées par leurs anciens conseillers. L'absence de suivi régulier ou de plan structuré peut engendrer de la frustration et une perte de confiance. Ces situations, souvent décourageantes, soulignent l'importance d'un accompagnement rigoureux et attentif.

Pour évaluer la qualité de l'accompagnement financement actuel, repérer d'éventuelles lacunes et envisager des pistes d'amélioration ou un changement d'équipe, il est utile de se poser la question suivante : « Mon équipe de conseillers répond-elle réellement à mes attentes en matière de suivi, de communication et de propositions adaptées à mes objectifs financiers ? »

4) Moments de transition ou de choc

Certaines périodes de vie – divorce, deuil, vente d'entreprise – exacerbent le besoin d'un accompagnement structuré et humain. Ces transitions, souvent chargées émotionnellement, nécessitent une attention particulière pour transformer les défis en occasions.

Pour mieux anticiper et structurer sa gestion financière lors de telles étapes, et transformer chaque moment critique en levier de croissance et de stabilité, il faut s'interroger : « Ai-je mis en place un plan clair et un accompagnement adapté pour faire face aux impacts financiers et émotionnels des grandes transitions de ma vie ? »

Relever les défis pour surmonter les difficultés : stratégies pour naviguer à travers l'imprévu

Une gestion patrimoniale efficace repose sur une compréhension approfondie des besoins et sur une personnalisation attentive. Voici les étapes clés qui permettent d'accompagner des individus de manière optimale :

1) Un parcours client structuré

Une feuille de route claire est établie pour guider toute personne vers ses objectifs financiers, tout en apportant des repères rassurants à chaque étape. Chaque jalon vise à clarifier la trajectoire et à offrir une vision précise des progrès réalisés.

2) Un accompagnement humain et attentif

Il est essentiel d'être présent aux moments clés du parcours financier. Cela peut inclure des rencontres régulières pour dissiper les incertitudes ou un soutien logistique, par exemple pour la gestion de documents complexes. L'objectif est d'assurer un accompagnement constant afin que personne ne se sente isolé face aux défis financiers.

3) Des options sur mesure

Plutôt que d'imposer une solution unique, plusieurs choix sont proposés, chacun adapté aux besoins spécifiques de la personne accompagnée. Cette approche permet d'avancer avec confiance, lucidité et en cohérence avec les objectifs définis.

En somme, l'objectif de l'accompagnement en gestion des placements et du patrimoine est d'aider chacun à concilier une gestion efficace de ses actifs avec la réalisation de ses aspirations de vie. Les principaux freins – manque de temps, absence de structure ou manque de clarté dans les démarches financières – sont bien identifiés. Des outils concrets et un soutien personnalisé sont proposés pour les surmonter efficacement.

L'observation du parcours de nombreux professionnels et entrepreneurs révèle une constante : la gestion financière peut rapidement devenir un véritable casse-tête. Il s'agit souvent de personnes très occupées, aux revenus élevés, assumant de nombreuses responsabilités. Malgré des réussites significatives sur les plans professionnel et personnel, leur situation financière manque parfois de structure ou de clarté.

Un thème revient fréquemment dans ces échanges : la quête d'indépendance financière. Beaucoup souhaitent alléger leur charge de travail et retrouver un équilibre de vie sans compromettre leur sécurité financière. Or, savoir par où commencer demeure souvent un défi en soi.

Ce qui frappe particulièrement, c'est l'intensité du quotidien. Le rythme soutenu laisse peu de place au recul ou à la réflexion stratégique. Comme une voiture de course qui nécessite des arrêts réguliers pour maintenir ses performances, une structure financière efficace requiert elle aussi des pauses conscientes pour être rectifiée.

Il est fréquent de reporter certaines décisions financières non par manque d'intérêt, mais parce qu'on ne sait pas par où commencer. L'impression de complexité ou la peur de faire un mauvais choix peut paralyser l'action. Par exemple, certains retardent la révision de leur portefeuille ou la mise à jour de leur plan successoral, bien qu'ils sachent que ces actions sont nécessaires. Ce flou peut devenir source de frustration, surtout lorsqu'il s'ajoute à un accompagnement peu présent ou peu structuré.

Ainsi, de nombreuses personnes arrivent frustrées après avoir été mal accompagnées. Peut-être vous reconnaîtrez-vous dans ces témoignages : « Mon équipe de conseillers ne fait jamais de suivis » ou encore « Je dois toujours courir après eux pour obtenir un rendez-vous. » Cette situation donne souvent l'impression de perdre à la fois du temps et de l'argent.

Derrière ces défis se cache un besoin fondamental : être écouté, guidé et soutenu. C'est là que réside la véritable différence d'un bon accompagnement. Lorsque la vie vous confronte à des épreuves, comme un divorce ou un deuil, vous méritez bien plus qu'un simple service : vous méritez une présence.

Nous pensons notamment à un client bouleversé par la perte tragique de sa conjointe. Entouré de boîtes de documents et complètement désorienté, il ne savait pas par où commencer. Pendant plusieurs mois, un rendez-vous à la fois, il a été accompagné avec patience et bienveillance pour trier, clarifier et avancer doucement.

Dans ces moments, ce qui compte avant tout n'est pas l'expertise technique, mais la capacité d'écouter et d'être véritablement présent. L'accompagnement prend alors tout son sens : il s'adapte au rythme, à la réalité et aux priorités des clients. Au-delà des résultats financiers, il s'agit de créer un espace où ils se sentent compris, respectés et soutenus.

> *« Reprendre le contrôle de votre temps,*
> *c'est la puissance de la vraie liberté financière. »*

Atteindre l'indépendance financière n'obéit à aucune recette universelle. Il s'agit de définir ce que cette liberté signifie réellement pour vous et de bâtir un plan sur mesure, en accord avec votre vision et vos aspirations. Vous êtes au cœur de cette démarche.

Chaque action ou décision vise à simplifier votre vie et à vous libérer du poids des contraintes afin que vous puissiez vous concentrer sur l'essentiel. L'indépendance financière, c'est aussi la liberté de disposer pleinement de votre temps et de choisir la façon dont vous souhaitez le vivre.

C'est dans cette quête de liberté que l'accompagnement prend tout son sens : transformer votre objectif en réalité concrète, à votre rythme et selon vos priorités.

L'importance d'effectuer des arrêts stratégiques

L'univers de la Formule 1 offre une métaphore éloquente pour illustrer l'accompagnement financier. Imaginez une course où chaque détail compte : le pilote reste concentré sur la route, mais même le meilleur ne peut l'emporter seul. Une équipe dédiée est indispensable pour analyser chaque virage et orchestrer les arrêts stratégiques.

En Formule 1, les voitures s'arrêtent régulièrement aux stands pour vérifier que tout fonctionne parfaitement : pneus, freins, moteur. Ces pauses, rapides et minutieuses, sont essentielles pour maintenir les performances et éviter les défaillances. La gestion des placements et du patrimoine obéit à la même logique. Pendant que vous pilotez votre vie et vos projets, des experts veillent en coulisses pour optimiser chaque aspect de votre situation financière et vous permettre d'aller plus loin en toute sécurité.

Cette image souligne l'importance d'un entretien régulier. Il est fréquent de voir des personnes reporter leur révision financière sans prendre le temps de vérifier si leur structure demeure adaptée, trop absorbées par leurs obligations quotidiennes. Ce comportement comporte des risques, surtout lorsque des enjeux patrimoniaux significatifs entrent en jeu. D'où la nécessité d'arrêts stratégiques réguliers : un simple bilan annuel permet de vérifier que la fiscalité est optimisée, que les placements restent cohérents avec les objectifs et que tout est en ordre pour poursuivre la course avec confiance et sérénité.

Ce n'est pas seulement une question de mécanique, c'est aussi une question de stratégie. En F1, une course peut se jouer sur la décision d'un arrêt bien calculé. Il en va de même en gestion financière. Une planification rigoureuse peut permettre d'économiser des dizaines de milliers de dollars et d'éviter des erreurs coûteuses.

Cette métaphore illustre également que l'objectif n'est pas de freiner l'élan, mais au contraire de permettre d'avancer plus vite et plus loin en toute sécurité. Chacun reste concentré sur ses objectifs, tandis que les experts prennent en charge les aspects techniques pour assurer un fonctionnement optimal.

Ce qui rend cette approche d'autant plus pertinente, c'est que chaque client est unique, tout comme chaque voiture de course possède ses spécificités. Les solutions proposées sont toujours personnalisées, adaptées aux besoins et au rythme de chacun afin de tracer la meilleure trajectoire vers la réussite.

Alors, si vous souhaitez que nous jouions le rôle de votre équipe de stand, prenez un moment pour faire une pause et réviser votre situation. Ces arrêts ne sont pas des pertes de temps, mais des moments stratégiques essentiels pour gagner la course sur le long terme. Rappelez-vous, même les meilleurs pilotes savent qu'ils ne peuvent pas gagner seuls. Avec notre soutien, chaque arrêt devient une occasion d'améliorer vos performances et de vous rapprocher de votre victoire personnelle.

Nous vous invitons maintenant à effectuer un arrêt stratégique, inspiré par la métaphore de la Formule 1, afin de vous poser quelques questions qui vous encourageront à prendre du recul pour harmoniser vos actions, vos objectifs et votre accompagnement financier actuel :

- « À quand remonte mon dernier arrêt stratégique pour revoir mes finances et m'assurer que mes choix sont toujours en adéquation avec mes objectifs ? » Cette question vous invite à évaluer la fréquence de la révision de votre situation financière.
- « Quels aspects de ma structure financière (fiscalité, placements, épargne) pourraient être optimisés pour renforcer mes performances à long terme ? » Cette question vous

aide à cibler les domaines qui nécessitent une attention particulière.

- « Suis-je en train de foncer vers mes objectifs sans m'arrêter pour vérifier si ma trajectoire reste la meilleure ? » Nous vous encourageons à remettre en question votre approche actuelle.
- « Mon équipe de conseillers est-elle aussi réactive, précise et adaptée que l'équipe de stand en Formule 1 ? » Cette question vise à vous aider à évaluer la qualité de votre accompagnement financier.
- « Quels bénéfices à long terme pourrais-je tirer en prenant le temps de m'arrêter et de planifier stratégiquement avec des experts ? » Cette question sert à souligner l'importance d'un investissement dans une planification proactive.
- Mes décisions financières actuelles reposent-elles sur une vision stratégique ou sur une gestion ponctuelle, plus réactive que proactive ? » Cette question vous incite à réfléchir à votre méthode de prise de décision.

Le sommet et au-delà : sécuriser et pérenniser vos acquis

Le parcours client est au cœur de notre démarche. Imaginez une ascension structurée, à l'image de votre Everest financier. Chaque étape est conçue pour vous rassurer et vous guider avec clarté tout au long du chemin.

Tout commence par un diagnostic. Avant de gravir une montagne, il est essentiel de vérifier son équipement. De la même manière, un bilan complet de votre situation actuelle – finances, objectifs, priorités – permet de définir précisément le point de départ ainsi que les mises au point nécessaires.

À partir de ce diagnostic, un plan sur mesure est élaboré, parfaitement adapté à votre réalité. Rien n'est imposé. Chaque étape est conçue pour vous offrir une vision claire du parcours menant à vos objectifs, qu'il s'agisse d'optimiser votre fiscalité, d'investir judicieusement ou de planifier votre indépendance financière.

Puisque certaines démarches peuvent paraître complexes, chaque action vise à simplifier votre vie. Si la seule idée de rassembler les documents nécessaires vous décourage, l'accompagnement est là pour vous aider à structurer, à alléger et à transformer cette étape en un processus simple et efficace.

Mais surtout, ce qui fait la différence, c'est la dimension humaine de cet accompagnement. L'écoute attentive, les réponses à vos questions et l'adaptation du plan selon vos besoins spécifiques sont essentielles. Il ne s'agit pas seulement de chiffres, mais d'une relation de confiance où chacun se sait soutenu tout au long du parcours.

Un suivi régulier complète également cette démarche. À l'image de la F1 où des arrêts stratégiques sont indispensables pour assurer de bonnes performances, des bilans annuels permettent de faire le point sur la situation. Ces rencontres servent à vérifier si les objectifs ont évolué, si la structure financière demeure optimisée et s'il est nécessaire d'ajuster le cap pour rester en cohérence avec les aspirations visées.

À chaque étape, notre priorité est de vous offrir un accompagnement rassurant. Que ce soit en simplifiant les démarches, en clarifiant les prochaines étapes ou en étant disponibles pour répondre à vos questions, nous veillons à ce que vous vous sentiez pleinement soutenu tout au long de cette aventure.

En résumé, notre parcours client repose sur trois piliers essentiels :

1. Une évaluation précise ;
2. Un plan sur mesure ;
3. Un accompagnement continu.

Il existe un processus clair et structuré, conçu pour aider à gravir pas à pas son propre Everest financier. Ce parcours vise à élaborer une stratégie en accord avec les aspirations de vie et la réalité économique de chacun. Ce qui ressort souvent lors des premières démarches, ce sont des questionnements récurrents et des angles morts. Cependant, ce sont parfois les questions non posées qui s'avèrent les plus déterminantes dans la quête d'une véritable liberté financière.

La première étape consiste à clarifier ses objectifs financiers. Il s'agit de cerner ce que l'on souhaite réellement accomplir grâce à ses ressources : une retraite anticipée, des voyages porteurs de sens, la sécurité financière d'un être cher, ou encore la liberté de choisir un autre mode de vie.

À partir de là, une question se pose : quel montant est nécessaire pour vivre selon ce mode de vie désiré ? La réponse est propre à chacun. Pour certains, elle se chiffre en plusieurs millions ; pour d'autres, un seuil plus modeste suffit. Identifier ce niveau de confort est un exercice stratégique incontournable.

Vient ensuite l'évaluation de la tolérance au risque. Les décisions d'investissement doivent être cohérentes avec le niveau de risque que chacun est prêt à accepter et avec l'horizon de temps envisagé. Cette cohérence est essentielle pour établir une stratégie pérenne.

Un autre volet généralement sous-estimé est l'optimisation fiscale. Une part importante du patrimoine peut s'éroder en raison d'une fiscalité mal planifiée. Bien des occasions d'économies passent inaperçues faute d'une stratégie adaptée.

En outre, la flexibilité du plan constitue un élément fondamental. Les transitions de vie – changement de carrière, héritage, imprévu personnel ou professionnel – exigent une capacité d'adaptation constante. Un bon plan financier est vivant ; il évolue et se réajuste au fil des circonstances.

Une question que nous aimons particulièrement poser est la suivante : qui sont mes alliés dans ce processus ? La planification financière ne se fait pas en solitaire. Elle nécessite une équipe : des conseillers en gestion de patrimoine, des fiscalistes, et parfois même des experts en psychologie pour accompagner les décisions complexes et les moments de transition.

Enfin, vient la question essentielle : **quelle est ma vision à long terme ?** Tout ce que vous mettez en place aujourd'hui devrait s'harmoniser avec ce que vous souhaitez réaliser dans dix, vingt et trente ans. C'est cette vision qui donne du sens à vos choix et oriente vos actions.

En vous posant ces questions, vous amorcez une réflexion structurée qui vous permet de clarifier vos priorités. Avec ces bases solides, vous disposez des outils nécessaires pour établir un plan qui vous ressemble, tout en avançant avec confiance vers les prochaines étapes de votre Everest financier.

À travers ce chapitre, nous avons exploré comment transformer les défis liés à la gestion patrimoniale en possibilités de croissance et de sécurité. Tout comme l'alpiniste qui fait preuve de résilience, de stratégie et d'adaptabilité pour atteindre le sommet de l'Everest, votre réussite financière repose sur une préparation rigoureuse, un accompagnement de qualité et une gestion proactive des risques. Chaque étape – de la planification à la mise au point régulière de votre stratégie – vous rapproche de vos objectifs et consolide votre patrimoine.

Souvenez-vous que le sommet n'est pas une fin en soi. La descente, c'est-à-dire la gestion durable de vos acquis, est tout aussi cruciale pour pérenniser vos efforts et inspirer les générations futures. Avec une vision claire, des outils adaptés et une équipe compétente à vos côtés, vous êtes en mesure de gravir, sécuriser et transmettre votre Everest financier.

En guise de conclusion, voici trois questions pour vous aider à bien assimiler les principaux apprentissages de ce chapitre :

1. Quels arrêts stratégiques pourriez-vous planifier dans la gestion de votre patrimoine pour assurer une progression stable et cohérente avec vos objectifs de vie ?

2. Quels alliés financiers ou personnels pourraient vous accompagner efficacement dans votre ascension vers l'indépendance financière et comment pourriez-vous optimiser ces collaborations ?

3. Quelles actions concrètes pouvez-vous entreprendre dès maintenant pour transformer vos défis actuels en occasions et quelles étapes clés pourriez-vous inscrire sur votre feuille de route financière ?

L'ascension vers l'indépendance financière ne se résume pas à l'accumulation de richesse, mais bien à la conquête d'une liberté qui se construit à chaque étape.

CHAPITRE 9

Synergies et impact collectif : quand la croissance individuelle élève tout un écosystème

« Chaque sommet financier atteint n'est pas une finalité, mais un point de départ pour transformer les horizons des autres. »

Les chapitres précédents ont posé les bases nécessaires pour sécuriser et faire croître un patrimoine financier. Ces fondations offrent à la fois stabilité et capacité d'adaptation. Il est maintenant temps de porter le regard plus loin : comment un entrepreneur peut-il dépasser ses propres objectifs pour créer un impact sur le long terme qui bénéficie à sa communauté ou aux causes qui lui tiennent à cœur ?

Gravir son Everest financier ne se limite pas à soi. C'est aussi contribuer à des projets collectifs, innover et soutenir un écosystème plus large. Comme en montagne, il arrive un moment où dépasser ses ambitions individuelles devient essentiel pour avancer ensemble.

Chaque sommet personnel peut ainsi devenir un levier pour transformer le monde qui nous entoure. Pour que cette transformation soit possible, encore faut-il être bien accompagné. C'est ici qu'intervient toute l'importance de s'entourer de guides financiers, des alliés stratégiques qui comprennent en profondeur la réalité entrepreneuriale avec ses cycles, ses risques et ses possibilités. Leur rôle dépasse largement l'expertise technique : ils offrent un accompagnement structuré, humain et stratégique à chaque étape du parcours.

Pour illustrer ces principes, ce chapitre propose l'exemple de collaborations avec plusieurs associations. Ces partenariats démontrent comment une gestion financière éclairée, portée par des accompagnateurs engagés, peut devenir un levier puissant pour transformer des entreprises et tout un écosystème.

Ils offrent l'occasion d'explorer comment les ressources, les outils et le leadership – lorsqu'ils sont mobilisés et orchestrés avec discernement – peuvent soutenir la trajectoire d'un entrepreneur et révéler celles de ses partenaires ainsi que de sa communauté d'affaires.

Qu'il s'agisse d'un partenariat d'envergure ou d'une démarche plus intime, leur présence devient particulièrement précieuse lors des moments charnières, quand la complexité s'invite et que la clarté se fait rare. Les exemples qui suivent en témoignent : un jeune couple, à l'aise financièrement, mais en quête d'une direction claire ; une cliente ayant transformé sa frustration initiale en nouvel élan grâce à un accompagnement humain et structuré ; et une étude de cas dans le secteur numérique illustrant l'impact d'une approche sur mesure.

Tous ces récits mettent en lumière les principes fondamentaux de notre démarche : la puissance d'un accompagnement personnalisé, la valeur d'une stratégie de qualité et l'impact concret de guides financiers pleinement engagés.

Créer un impact plus grand que soi

Bien souvent, les entrepreneurs souhaitent laisser leur marque et mettre leur influence au service de différentes causes. Il existe plusieurs façons de contribuer et de poser sa pierre à l'édifice, que ce soit par des dons financiers directs ou par l'investissement de leur temps. Toutefois, pour ceux qui désirent aller un pas plus loin, la création de leur propre fondation peut représenter une avenue enrichissante.

Il est cependant important de savoir que mettre en place une fondation comporte un certain niveau de complexité et entraîne des responsabilités réglementaires annuelles. Par exemple, lors d'une rencontre trimestrielle avec l'une de nos clientes, le sujet de la mise en place d'une fondation a été abordé sans qu'un objectif précis ait été défini pour soutenir une cause unique.

En mode solution, notre équipe a su mettre en place une fondation personnalisée au nom de la personne (ou d'un nom de son choix : famille, proche disparu, nom de l'entreprise), avec une contribution initiale minimale de 25 000 $. Ces fonds sont investis dans un portefeuille conservateur, établi selon une politique d'investissement définie au préalable.

La fondation ainsi créée est opérationnelle sans frais supplémentaires ni obligations complexes pour le client : tout est pris en charge par notre programme d'accompagnement, qu'il s'agisse des aspects légaux, comptables, fiscaux ou de l'enregistrement auprès des instances gouvernementales. La fondation doit néanmoins respecter certaines règles, notamment celle de distribuer annuellement au moins 5 % des sommes qu'elle détient, ainsi que d'autres critères nécessaires pour conserver son statut.

Contrairement aux cadres traditionnels, cette solution offre une grande flexibilité quant à l'allocation des dons annuels et au choix des organismes que la fondation souhaite soutenir. La discrétion et les décisions demeurent entre les mains des fondateurs et cette liberté se perpétue même après leur décès, à travers leur succession.

Depuis, plus de vingt-cinq fondations ont ainsi vu le jour pour nos clients et leurs familles, contribuant à la création d'un héritage durable et au soutien de causes qui comptent pour notre société actuelle et pour les générations à venir.

Et justement, comment conjuguer cette volonté d'impact à une réalité d'affaires en constante évolution ? Que l'on parle de philanthropie, de croissance ou d'innovation, chaque contexte entrepreneurial engendre ses propres défis. Au-delà des approches classiques, certaines solutions permettent de maximiser son influence tout en demeurant stratégiquement aligné sur les objectifs de l'entreprise.

C'est notamment le cas des actions accréditives qui, bien utilisées, peuvent transformer une stratégie fiscale en levier philanthropique puissant. Voyons plus en détail comment cet outil peut soutenir aussi bien les ambitions personnelles que celles collectives.

Optimiser ses impôts ou ses dons grâce aux actions accréditives

Pour les particuliers à revenu élevé ou à valeur nette importante, ainsi que pour les compagnies de type gestion qui génèrent des revenus passifs élevés, les **actions accréditives** (*flow-through shares*) représentent l'un des rares véhicules permettant à la fois de soutenir l'économie canadienne des ressources et de maximiser les avantages fiscaux, tant à titre personnel que par l'entremise d'un don de bienfaisance.

Introduit au début des années 1950, ce programme gouvernemental autorise certaines sociétés minières – et autrefois des compagnies pétrolières, gazières ou d'énergie propre – à « faire circuler » leurs dépenses d'exploration vers les détenteurs de parts de la société. Cet outil continue d'être utilisé à ce jour par des gens d'affaires et des hauts salariés.

En contrepartie de leur investissement dans un projet d'exploration, les particuliers ou les sociétés obtiennent des réductions fiscales immédiates, pouvant atteindre jusqu'à 70 % de l'investissement. Ce mécanisme permet aussi d'optimiser un don afin d'en faire davantage avec le même montant d'argent disponible, jusqu'à ramener le coût réel du don à aussi peu que 1 % du montant total dans certains cas.

Voici comment fonctionne le montage « actions accréditives + don » :

1. **Souscription** : l'investisseur achète des actions accréditives auprès d'une société spécialisée, chargée de la diversification et de la sélection des projets.

2. **Déduction fédérale et provinciale** : environ 100 % du montant souscrit devient déductible du revenu imposable dès la première année, réduisant ainsi de façon significative l'impôt à payer. Dans certaines provinces ressources (p. ex. : Québec, Colombie-Britannique), des crédits supplémentaires pouvant atteindre 30 % peuvent s'ajouter.

3. **Désenregistrement (*roll-over*)** : dès que la transaction d'achat est conclue, une transaction de don est orchestrée avec une fondation, qui reçoit les actions et les revend à un prix prédéterminé.

4. **Reçu de don** : la fondation remet un reçu équivalant à la juste valeur marchande des titres, générant un crédit d'impôt pour don supplémentaire.

5. **Résultat net** : combiné à la déduction initiale, le coût net après impôt du don peut descendre à 10 ¢ ou moins par dollar donné, ce qui permet à un grand donateur de transformer 10 000 $ de liquidités en un don de 100 000 $.

En somme, pourquoi est-ce si avantageux ?

- **Double levier fiscal** : on cumule la déduction liée aux dépenses d'exploration et le crédit d'impôt pour don de bienfaisance.
- **Impact philanthropique amplifié** : la fondation reçoit un montant bien supérieur au déboursé net du donateur, sans diminuer la capacité de celui-ci à soutenir d'autres projets.

Ces mécanismes illustrent à quel point les stratégies financières peuvent être des vecteurs d'impact quand elles sont déployées avec précision, accompagnement et vision. Mais qu'en est-il lorsque l'on entre dans des secteurs émergents en constante mutation comme celui du numérique ? Comment ces principes d'accompagnement et de construction d'un écosystème s'appliquent-ils à des communautés entrepreneuriales jeunes, dynamiques et en forte croissance ?

L'expérience que nous avons développée en collaboration avec plusieurs regroupements d'entreprises technologiques à Montréal nous a permis d'explorer cette question sur le terrain. Elle offre un exemple concret de la manière dont un accompagnement stratégique peut s'adapter à des environnements innovants tout en renforçant la cohésion d'un réseau professionnel.

Ascension dans le secteur numérique

Collaborer avec des associations regroupant plusieurs entreprises membres représente un défi unique. Ces partenariats ne se limitent pas à la gestion d'assurances collectives pour de grandes organisations, ils ouvrent aussi des portes inattendues au cœur du secteur technologique en pleine expansion à Montréal. Ces occasions transforment en profondeur notre pratique de gestion et révèlent des perspectives que nous n'avions pas envisagées au départ.

Vous vous demandez sans doute comment de telles possibilités peuvent faire évoluer une pratique de gestion ? Permettez-nous de vous en dire un peu plus.

Lorsque nous avons été sollicités pour ces projets, certaines de ces associations rassemblaient déjà des communautés comptant plusieurs centaines d'entreprises actives dans le domaine numérique. Chaque studio avait des besoins spécifiques, mais tous recherchaient une structure fiable pour assurer la protection sociale de leurs équipes et mettre en place des assurances collectives adaptées.

L'occasion ne consistait donc pas simplement à offrir un service ponctuel, mais à bâtir un écosystème complet, cohérent et adapté aux besoins réels du terrain. Qu'est-ce que cela signifie concrètement ?

Imaginez un regroupement de professionnels bénéficiant d'un accompagnement global pour la gestion de leur entreprise, la protection de leur patrimoine et le bien-être de leur personnel. Un soutien sur mesure a été déployé, prenant en compte les réalités propres à chaque organisation.

Cette démarche a nécessité une personnalisation fine des services, une coordination étroite avec les assureurs, ainsi qu'une intégration de conseils en ressources humaines adaptés. L'approche a exigé des ajustements méthodologiques constants afin de répondre à une demande aussi multidimensionnelle que stratégique.

Pour chaque organisation, il s'agissait d'aller au-delà des chiffres en développant une compréhension approfondie de sa culture, de ses défis financiers et de ses ambitions. Par exemple, des sessions « dîner-causerie » ont été mises en place afin de sensibiliser les employés aux bases de l'éducation financière. L'objectif ne se limitait pas à la gestion d'une assurance collective, mais visait à élargir la portée de l'accompagnement en offrant aux employés comme aux dirigeants des outils concrets pour mieux comprendre et gérer leur patrimoine.

Cette approche globale a permis de renforcer la valeur des associations auprès de leurs membres en leur offrant un accompagnement à la fois humain, structuré et adapté, contribuant ainsi à créer un véritable levier de transformation individuelle et collective.

Un lien fort s'est tissé avec les membres de ces associations, notamment grâce à une présence active lors de leurs événements. Cette proximité a permis de témoigner d'une compréhension réelle des besoins propres à chaque organisation. C'est également à ce moment qu'a émergé une pleine conscience de l'impact qu'un partenariat à long terme peut engendrer. Il ne s'agissait plus simplement de fournir des services, car une posture de pilier stratégique dans la gestion des affaires prenait forme.

Ces relations sont rapidement devenues des modèles reproductibles, servant de tremplin pour élargir l'expertise auprès d'autres associations dans des secteurs variés. L'accompagnement s'est ainsi transformé en une offre élargie et évolutive, démontrant que la gestion de patrimoine peut dépasser les standards traditionnels pour embrasser une approche globale de l'accompagnement entrepreneurial.

Ainsi, ces partenariats ont redéfini l'approche et ont permis d'apporter un soutien concret aux entrepreneurs du secteur numérique. De telles expériences sont devenues des exemples vivants illustrant la portée d'une vision globale où chaque levier – assurance collective, formation financière, stratégie patrimoniale – contribue à renforcer la résilience et la vitalité économique locale. Désormais, chaque nouvelle collaboration est abordée avec cette même ouverture : adapter les stratégies, répondre aux besoins spécifiques et concevoir des solutions durables.

Après tout, qu'il s'agisse de réussite financière, de transformation organisationnelle ou de conquête de nouveaux sommets, toute grande ascension repose sur des fondations similaires de préparation, résilience et collaboration. En explorant ces parallèles, de nouveaux enseignements émergent. L'occasion est venue d'en découvrir toute la richesse.

Cette étude de cas démontre qu'une préparation rigoureuse est la clé du succès, que ce soit pour atteindre le sommet d'une montagne, bâtir une stabilité financière ou transformer une organisation. Dans chaque domaine, une vision à long terme permet d'ériger les bonnes bases pour relever des défis complexes.

L'adaptabilité face aux imprévus constitue un autre enseignement fondamental. En alpinisme comme en affaires, les conditions peuvent évoluer rapidement, exigeant une résilience exemplaire pour rectifier les stratégies en cours de route. Dans ces situations, la capacité à s'adapter et à répondre aux besoins des entreprises s'est révélée déterminante pour établir des partenariats solides et durables.

Enfin, la collaboration et la force d'une équipe compétente se trouvent au cœur de toute réussite. Tout comme les alpinistes s'appuient sur les guides pour leur expertise, ces partenariats ont tiré profit d'un soutien stratégique et financier qui a renforcé leurs communautés respectives. Ces parallèles rappellent que l'effort collectif et la mise en valeur des forces complémentaires sont des moteurs puissants pour gravir des sommets, qu'ils soient physiques, financiers ou organisationnels.

En vous inspirant de ces exemples, nous vous invitons à réfléchir aux questions suivantes pour vous aider à gravir votre propre Everest financier :

1. Est-ce que je prends le temps de clarifier ce qui est vraiment important pour moi, au-delà des solutions toutes faites ou des réponses rapides ?

2. Ai-je une vision suffisamment large et évolutive pour intégrer les différents aspects de ma vie financière, personnelle et patrimoniale dans mes décisions ?

3. Est-ce que je m'appuie sur les bonnes personnes et les bons conseils pour renforcer ma résilience face aux imprévus et faire grandir ce que j'ai construit ?

Vers l'indépendance financière

La quête de l'indépendance financière est bien souvent nourrie par un désir profond de liberté, de temps et d'accomplissement personnel. Pour illustrer cette dynamique, voici une situation représentative de ce que peut permettre un accompagnement structuré et personnalisé.

Il s'agit d'un couple sans enfants, disposant de revenus élevés et d'un patrimoine déjà important. Leur objectif était clair : ralentir un rythme de vie professionnelle exigeant, tout en maintenant une trajectoire rapide vers l'indépendance financière. Derrière une situation enviable – près d'un million en actifs et une capacité d'épargne annuelle dépassant les 100 000 $ – se cachait un sentiment grandissant d'urgence et de fatigue. Leur environnement de travail intense générait une surcharge émotionnelle et physique, avec l'impression persistante de « donner un coup » sans réelle visibilité sur la suite.

Leur principal défi résidait dans l'absence de planification structurée. Ils ne disposaient d'aucun repère clair concernant leur coût de vie idéal ni d'estimation des ressources nécessaires pour atteindre leurs objectifs à long terme. Ce flou les poussait à prendre des décisions financières ponctuelles, renforçant leur impression de surcharge. Leurs démarches antérieures auprès d'autres professionnels n'avaient pas su répondre à ce besoin de clarté ni instaurer une relation d'accompagnement personnalisé. Résultat : un sentiment d'isolement et l'impression de ne pas être compris.

La première étape a donc consisté à mettre en œuvre un espace d'écoute favorisant l'expression de leurs aspirations et de leurs préoccupations. Toute stratégie pertinente repose d'abord sur une compréhension fine de la réalité vécue. Dans ce cas précis, le couple recherchait avant tout la liberté de choix : pouvoir alléger leur charge de travail ou consacrer du temps à des projets personnels, sans compromettre leur qualité de vie. L'enjeu était de traduire cette vision abstraite en une trajectoire financière claire, stable et adaptée à leur rythme.

En deuxième lieu, il a fallu clarifier leur coût de vie actuelle et future. Cet exercice fondamental a permis de définir un objectif d'épargne réaliste et de calculer le capital requis pour maintenir leur niveau de vie à long terme. Par la suite, les horizons d'investissement ont été rectifiés pour assurer un équilibre juste entre croissance et sécurité. Des outils ont également été identifiés afin d'optimiser les ressources disponibles, notamment en simplifiant certains processus administratifs souvent perçus comme lourds et chronophages.

L'approche retenue repose sur un principe clé : la simplification. En fragmentant le parcours en étapes concrètes et accessibles, il devient possible d'atténuer la sensation de surcharge qui freine souvent le passage à l'action. Une stratégie d'optimisation fiscale a également été intégrée au plan global dans le but d'accélérer l'atteinte de l'indépendance financière. Cela a notamment nécessité une révision des actifs afin de maximiser les rendements tout en limitant l'exposition aux risques.

Les retombées de cette démarche structurée ont été significatives, tant sur le plan financier que sur celui du bien-être global. En quelques semaines, un plan clair et personnalisé a vu le jour, un plan en cohérence avec des ambitions précises et une vision à long terme. Ce cadre stratégique a permis de visualiser le chemin vers l'indépendance financière en moins d'une décennie. Ainsi, en confiant la gestion de leur patrimoine à une équipe qualifiée, ils ont pu alléger leur charge mentale et se recentrer sur ce qui donne véritablement du sens à leur vie.

En cours de route, ce couple a également découvert une nouvelle façon de gérer ses finances avec sérénité. Leur sentiment d'isolement s'est estompé grâce à une communication régulière et proactive. Ils ont particulièrement apprécié notre aptitude à leur proposer des options claires et adaptées au lieu de solutions rigides.

Cette étude de cas illustre une approche stratégique et humaine, conçue pour inspirer toute personne souhaitant entreprendre son propre parcours financier. Elle montre que l'indépendance financière ne se résume pas à des chiffres, mais repose avant tout sur une vision claire et une stratégie bien définie. Qu'il s'agisse de salariés ou d'entrepreneurs, le processus commence toujours par une planification rigoureuse et une écoute attentive des objectifs personnels.

En simplifiant les étapes complexes et en proposant un accompagnement adapté, il devient possible de transformer les défis en véritables possibilités. Chaque décision prise aujourd'hui constitue une avancée vers un sommet financier durable, soutenu par une guidance experte tout au long du processus.

Sur la base de cette étude de cas, voici trois questions clés à vous poser pour bien intégrer les apprentissages et analyser votre situation :

1. Quelles sont mes aspirations et mes priorités financières à long terme ?

Prenez le temps de clarifier vos objectifs de vie. Souhaitez-vous réduire votre rythme de travail, voyager, investir dans des projets qui vous passionnent ou maintenir un style de vie confortable ? Ces aspirations doivent orienter vos choix financiers.

2. Ai-je une vision claire de mon coût de vie actuelle et future, ainsi que des ressources nécessaires pour atteindre mes objectifs ?

Évaluez vos dépenses actuelles et anticipez celles de demain. Assurez-vous que vos actifs et votre capacité d'épargne correspondent à vos ambitions. Si ce n'est pas le cas, quelles actions concrètes pouvez-vous entreprendre pour rectifier votre stratégie ?

3. Comment puis-je simplifier et optimiser la gestion de mon patrimoine pour alléger ma charge mentale tout en maximisant mes résultats ?

Examinez vos processus actuels : sont-ils efficaces et structurés ? Réfléchissez à la possibilité de déléguer certaines tâches ou d'utiliser des outils qui simplifient votre gestion financière, tout en intégrant des stratégies fiscales et des placements adaptés à vos besoins.

Renaissance financière

Certaines rencontres marquent un véritable tournant dans le parcours financier d'un client. Ce fut le cas d'une cliente qui s'est présentée à nous dans un état de profonde frustration, causée par une relation insatisfaisante avec son ancien conseiller en gestion patrimoniale. Son témoignage illustre comment une situation chaotique peut devenir une occasion de renaissance financière et émotionnelle grâce à une approche structurée, proactive et humaine.

Cette femme dans la quarantaine disposait d'un patrimoine financier important et épargnait régulièrement. Pourtant, malgré des revenus élevés, elle se sentait mal accompagnée et seule face à la gestion de ses finances. Ses échanges avec son précédent conseiller se résumaient à des conversations superficielles, sans stratégie claire ni recommandations concrètes. Le suivi, presque inexistant, l'avait laissée dans une posture où elle devait elle-même relancer pour obtenir des réponses à des questions essentielles.

Elle décrivait son sentiment comme celui de « naviguer dans le brouillard », sans savoir où elle allait ni comment structurer son avenir financier. Chaque interaction renforçait en elle l'impression de n'être qu'une cliente parmi d'autres, privée de la guidance et de l'attention nécessaires pour prendre des décisions éclairées. Ce manque de clarté et de proactivité de la part de son ancien conseiller avait peu à peu érodé sa confiance dans le processus de gestion patrimoniale.

Lorsqu'elle s'est tournée vers nous, elle se sentait dépassée par la complexité apparente des démarches à entreprendre pour structurer ses finances. Rien que l'idée de devoir rassembler une dizaine de documents administratifs la décourageait, au point où elle avait reporté sa planification financière pendant des années. Ce qu'elle recherchait ne se limitait pas à une solution technique : elle aspirait à un accompagnement capable de simplifier ces étapes et de rendre l'ensemble du processus plus accessible et humain.

Un autre défi résidait dans sa méfiance, renforcée par ses expériences passées. Elle avait besoin de se sentir véritablement écoutée et guidée par des experts capables de traduire ses aspirations en un plan d'action clair et rassurant. Il ne s'agissait pas uniquement de résoudre des enjeux techniques, mais de répondre à un besoin profondément humain : être rassurée, se sentir soutenue et pouvoir enfin envisager son avenir avec confiance.

Dès le départ, l'écoute a été placée au cœur de la démarche. L'objectif était de cerner avec justesse ses frustrations, ses besoins et ses attentes. Une fois ce cadre clarifié, un plan structuré et finement détaillé a permis de simplifier les démarches tout en offrant une vision limpide des résultats à atteindre.

La première phase a consisté à transformer des tâches complexes en actions simples, concrètes et accessibles. Une collaboration étroite a été instaurée pour rassembler les documents nécessaires à l'élaboration d'une planification financière minutieuse. Ce qui aurait pu être perçu comme une contrainte s'est transformé en une démarche fluide et efficace grâce à un accompagnement attentif. Tout au long du processus, une communication régulière a permis de nourrir la confiance, d'assurer le bon déroulement des étapes et de répondre rapidement aux questions qui se présentaient.

La proposition de recommandations personnalisées a également joué un rôle clé dans cette transformation. Plutôt que de lui présenter des solutions génériques, des stratégies sur mesure ont été élaborées en fonction de ses priorités et de sa tolérance au risque. Chaque recommandation était accompagnée d'explications claires, renforçant ainsi sa compréhension et consolidant sa confiance envers le processus.

En seulement quelques semaines, cette cliente est passée d'un état de frustration et de méfiance à une posture proactive et confiante. Elle disposait désormais d'une feuille de route claire pour atteindre ses objectifs financiers, tout en ayant la certitude d'être soutenue par une équipe compétente et attentive. Cette transformation ne s'est pas limitée aux chiffres, car elle a également retrouvé une sérénité émotionnelle qui l'a libérée d'un poids mental important.

Ce type de situation illustre parfaitement l'importance d'une approche centrée sur l'humain, où l'aspect technique et la dimension émotionnelle sont traités avec la même rigueur. En simplifiant le processus, en instaurant un dialogue constant et en formulant des recommandations personnalisées, il devient possible de reprendre le contrôle de ses finances et de retrouver la confiance souvent ébranlée par de mauvaises expériences passées. Chaque défi financier peut alors se transformer en levier de croissance personnelle et patrimoniale.

Pour ceux et celles qui traversent un flou, un essoufflement ou un sentiment de solitude dans la gestion de leurs finances, il est essentiel de se rappeler qu'il existe des solutions concrètes. Avec un accompagnement structuré et bienveillant, chaque étape de ce parcours peut devenir une occasion de se recentrer, de progresser et de bâtir un avenir plus serein. C'est précisément la vocation de cette démarche : offrir un cadre clair et humain pour transformer les incertitudes en actions éclairées au service d'une véritable ascension financière.

Dans cette optique, nous vous invitons à réfléchir à ces trois questions clés pour bien assimiler les apprentissages de ce chapitre et analyser votre situation financière :

1. Quels freins actuels m'empêchent de structurer ou d'optimiser ma gestion financière ?

Prenez le temps d'identifier les obstacles qui limitent votre progression : manque de clarté, absence de stratégie, crainte des démarches complexes ou méfiance envers les conseillers. Reconnaître ces freins est la première étape pour les surmonter.

2. Ma stratégie financière actuelle reflète-t-elle vraiment mes priorités, mes valeurs et ma tolérance au risque ?

Interrogez-vous sur la concordance entre vos décisions financières et vos aspirations. Votre stratégie répond-elle à vos besoins à court, moyen et long terme ? Des mises au point sont-elles nécessaires pour avancer de manière plus cohérente et efficace ?

3. Quels soutiens ou accompagnements pourrais-je mobiliser pour simplifier ma gestion financière et garantir une stratégie adaptée à mes besoins ?

Réfléchissez aux ressources qui pourraient alléger votre charge mentale : une équipe de conseillers de confiance, des outils simplifiés ou un plan structuré. Comment un accompagnement humain et attentif pourrait-il vous aider à vous rapprocher de vos objectifs ?

Quelle que soit la montagne que vous gravissez, rappelez-vous que vous détenez les clés de votre réussite financière. Ainsi, vous pouvez avancer avec confiance et détermination pour relever chaque défi sur votre route.

Ce chapitre a démontré la force d'une gestion stratégique qui transcende les objectifs individuels pour impacter des écosystèmes entiers. Grâce à des partenariats innovants, le succès collectif repose sur la personnalisation des approches, l'éducation financière et le soutien mutuel.

L'exemple du couple en quête d'indépendance financière a illustré combien il est crucial de clarifier ses priorités et de structurer ses ressources pour alléger sa charge mentale et atteindre ses objectifs. De même, l'histoire de cette cliente autrefois frustrée rappelle qu'une guidance proactive et humaine peut transformer des défis émotionnels et financiers en occasions fort intéressantes.

Ces récits confirment que la collaboration, la vision stratégique et l'accompagnement empathique sont des piliers indispensables pour gravir votre Everest financier.

Ensemble, nous ne construisons pas seulement votre sommet ; nous ouvrons des chemins pour transformer des vies et redéfinir l'avenir.

CHAPITRE 10

Maîtriser l'altitude financière : transformer les transitions de vie en possibilités durables

« Chaque sommet gravi nous enseigne que la vraie ascension commence dans l'invisible : réorganiser, transformer et sécuriser ce qui nous élève. »

Après l'ascension collective explorée précédemment, où les synergies et l'impact partagé ont soutenu les réussites individuelles, une nouvelle phase s'amorce. Atteindre un sommet ne marque pas la fin du parcours, mais le début d'un nouvel équilibre à trouver. Il s'agit alors de maîtriser l'altitude : savoir stabiliser ses acquis, ajuster sa trajectoire et faire face aux changements avec lucidité. C'est dans cette perspective que s'inscrit ce chapitre en abordant les défis propres aux grandes transitions financières.

Qu'il s'agisse d'une rentrée de liquidités importante, par exemple après la vente d'une entreprise ou d'un bouleversement inattendu comme la perte d'un être cher, ces moments marquent souvent un tournant dans un parcours de vie et de gestion patrimoniale. Ils appellent des décisions éclairées, mûries et adaptées aux nouvelles réalités.

Ce chapitre illustre comment une approche proactive alliant stratégie et sens humain peut transformer ces périodes de transition en possibilités de croissance. Vous y découvrirez les parcours d'individus confrontés à des changements majeurs dans la gestion de leur patrimoine, chacun ayant trouvé des solutions sur mesure pour naviguer dans ces eaux inconnues.

Ces récits vous permettront de mieux comprendre les outils essentiels pour préserver et faire fructifier votre patrimoine, tout en renforçant votre résilience face à l'incertitude. Préparons-nous ensemble à gravir ce nouvel Everest financier avec une vision stratégique et une attention constante à ce qui compte réellement pour vous.

Gestion de liquidités soudaines

Les grandes transitions financières s'accompagnent souvent de défis insoupçonnés. L'histoire d'un entrepreneur ayant récemment vendu son entreprise illustre bien la complexité de gérer une rentrée de fonds importante et la nécessité d'adapter sa stratégie à une nouvelle réalité financière. Passer du rôle d'opérateur à celui d'investisseur exige une réorganisation réfléchie et un changement de mentalité pour éviter les écueils fréquemment associés à la gestion de liquidités soudaines.

Un élément important à retenir : les compétences qui permettent de faire croître une entreprise et de l'amener à maturité ne sont pas les mêmes que celles requises pour protéger et faire fructifier un patrimoine. La plus grande trappe dans laquelle tombent de nombreux entrepreneurs consiste à réinvestir directement la totalité de leurs liquidités dans d'autres entreprises privées, non liquides et à haut risque. Il est donc crucial d'instaurer une discipline rigoureuse autour de sa politique de placement et de s'y tenir.

Après des années de travail acharné, cet entrepreneur avait enfin concrétisé la vente de son entreprise – un accomplissement souvent perçu comme l'aboutissement du parcours entrepreneurial. Cette réussite lui a permis d'accéder à un capital important, fruit de ses efforts et tremplin vers une nouvelle étape de vie personnelle et financière. Toutefois, ce succès a également mis en lumière des questions essentielles.

Son mode de gestion habituel reposait sur des revenus actifs issus de l'exploitation de son entreprise. Ce flux régulier et prévisible était désormais remplacé par une somme unique qu'il fallait faire fructifier sur le long terme. Sans stratégie claire, cette nouvelle réalité représentait autant une belle occasion qu'un risque.

Par ailleurs, les enjeux fiscaux liés à la transaction étaient complexes et exigeaient une expertise pointue pour éviter des pertes inutiles. Cet entrepreneur faisait face à un dilemme courant : comment passer de la gestion opérationnelle d'une entreprise à une gestion patrimoniale proactive, tout en redéfinissant ses objectifs en fonction de ses aspirations futures ?

Lorsqu'il nous a contactés, il avait des préoccupations bien légitimes quant à la gestion de son patrimoine nouvellement acquis. Il redoutait de commettre des erreurs coûteuses, faute de maîtrise des mécanismes de placement et de gestion passive. Sa priorité était de préserver et faire croître ses actifs, tout en s'assurant un revenu stable pour maintenir son style de vie.

Le principal défi résidait dans l'absence de structure et d'outils lui permettant d'organiser ses finances dans ce nouveau contexte. Les possibilités d'investissement semblaient infinies, mais il manquait de repères clairs pour évaluer les options et déterminer celles qui correspondaient réellement à ses objectifs. Il était également préoccupé par les implications fiscales, un domaine dans lequel il ne se sentait pas suffisamment informé.

Enfin, il devait amorcer un changement profond dans sa façon de penser. Habitué à agir comme un opérateur actif directement impliqué dans les décisions quotidiennes de son entreprise, il devait désormais adopter une approche plus stratégique et détachée, où les choix d'investissement et la diversification devenaient les nouvelles priorités.

La première étape a donc consisté à lui offrir une vision claire et structurée de sa nouvelle réalité financière. La démarche a débuté par une analyse approfondie de ses besoins actuels et de ses aspirations futures. Cette approche a permis de définir des priorités précises : sécuriser les actifs, optimiser la fiscalité et identifier des options d'investissement cohérentes avec ses valeurs et ses objectifs.

Un cadre structuré a été instauré pour faciliter sa transition vers un rôle d'investisseur. Celui-ci comprenait des étapes claires visant à diversifier ses placements en recherchant un équilibre entre rendement et risque selon un horizon temporel bien défini. Parallèlement, des stratégies fiscales et successorales ont été mises en œuvre pour maximiser les avantages liés à la vente de son entreprise. Cela s'est traduit par l'utilisation de structures adaptées – comme des fiducies et des comptes de placement fiscalement avantageux – ainsi que par la mise en place de polices d'assurance vie afin d'optimiser la valeur successorale au bénéfice de la famille.

Ce processus a également mis en lumière l'importance d'un accompagnement continu. Un système de suivis réguliers a été instauré, non seulement pour rectifier la stratégie en fonction de l'évolution des besoins, mais aussi pour répondre aux interrogations et dissiper les incertitudes. Grâce à cette approche proactive et éducative, l'entrepreneur a pu développer une vision axée sur la croissance durable et la maîtrise de son patrimoine.

En quelques mois, il est passé d'un état d'incertitude à une posture de maîtrise et de sérénité financière. Grâce à une réorganisation minutieuse de son patrimoine, il a sécurisé ses actifs et établi une stratégie claire pour générer un revenu stable et croissant. Il a découvert les bénéfices d'une gestion patrimoniale proactive et appris à tirer parti des possibilités offertes par des placements diversifiés.

Ce cas illustre que la gestion de liquidités soudaines dépasse largement la simple question des placements : elle implique une redéfinition complète de la relation à l'argent et aux objectifs de vie. Chaque transition financière majeure devient ainsi une occasion de croissance et d'apprentissage. L'enjeu consiste à transformer chaque succès en fondation solide pour un avenir prospère grâce à un accompagnement structuré et stratégique.

Sur la base de cette étude de cas, voici trois questions à considérer pour vous aider à intégrer les apprentissages et évaluer votre propre situation en vue d'atteindre l'indépendance financière et de gravir votre Everest financier :

1. Comment ma situation financière actuelle pourrait-elle évoluer face à un changement soudain comme une rentrée de fonds importante ou une transition professionnelle majeure ?

Cette question vous invite à anticiper et à planifier la gestion des imprévus financiers. Réfléchissez aux outils, aux structures ou aux expertises qui pourraient vous aider à transformer ces changements en occasions de croissance durable.

2. Ai-je une stratégie claire et des critères bien définis pour diversifier mes investissements, optimiser ma fiscalité et faire correspondre mes placements avec mes objectifs et mes valeurs personnelles ?

Prenez le temps d'évaluer si vos décisions financières reposent sur une planification structurée ou si des rectifications seraient nécessaires pour mieux refléter vos aspirations à long terme.

3. Comment puis-je adapter ma façon de penser pour passer d'un rôle actif, reposant sur des revenus directs, à une gestion patrimoniale stratégique fondée sur la diversification et la croissance durable ?

Interrogez-vous sur votre capacité à adopter une posture plus stratégique et détachée en vous appuyant sur des accompagnateurs compétents pour vous guider tout au long de cette transition.

Submergé après un décès tragique

Certaines situations transcendent la simple gestion financière et touchent profondément à l'humain. L'histoire d'un client confronté à la perte de sa conjointe dans un accident soudain illustre comment une crise personnelle peut devenir un tournant vers la stabilité et la résilience. Ce récit met en lumière notre engagement à offrir un accompagnement bienveillant et sur mesure, même dans les moments les plus éprouvants.

Encore sous le choc de la disparition tragique de sa conjointe, cet homme se retrouvait seul face à un univers inconnu. En l'espace de quelques jours, il était passé d'un équilibre familial rassurant à la lourde responsabilité de devoir gérer seul les finances et l'ensemble des responsabilités du foyer. Bien que le couple ait été relativement organisé, ils n'avaient pas envisagé une telle éventualité et la documentation financière se trouvait éparpillée dans des boîtes non classées.

Au-delà de la douleur de la perte, ce client devait rapidement faire face à des questions complexes allant de la gestion des dépenses courantes à l'organisation de la succession. Une assurance vie récemment souscrite offrait une lueur d'espoir, mais le processus pour accéder aux fonds s'avérait intimidant. Dans cet océan d'incertitudes, il avait besoin de bien plus qu'un simple conseiller. Il lui fallait un guide, un soutien émotionnel et un partenaire de confiance pour l'aider à se reconstruire.

Lorsqu'il s'est tourné vers nous, ce client était dépassé par l'ampleur des démarches administratives qui l'attendaient. Chaque document non classé représentait une montagne à gravir, chaque formalité semblait insurmontable et chaque échange avec les assureurs était une source d'anxiété. Il ne savait pas par où commencer et redoutait de commettre des erreurs pouvant mettre en péril sa stabilité financière.

> *« Au-delà des chiffres, c'est l'alliance de l'expertise, de l'empathie et de la patience qui bâtit*

De plus, l'aspect émotionnel amplifiait ses difficultés. Chaque décision liée aux finances de sa conjointe disparue ravivait des souvenirs douloureux. Il exprimait un profond sentiment de solitude, accentué par l'absence de structure et de repères dans la gestion de son patrimoine. Ces défis appelaient une méthode alliant expertise, empathie et patience.

Dès les premiers échanges, il est apparu que ce client avait besoin de temps et d'un accompagnement personnalisé pour l'aider à sortir de cette impasse. La situation a été prise en charge avec une attention particulière par l'instauration de rencontres hebdomadaires, souvent organisées à domicile, afin de travailler dans un environnement familier et rassurant.

Ces rencontres visaient à la fois à lui offrir un soutien émotionnel et à faire avancer pas à pas la gestion de ses finances. Des boîtes entières de documents ont été triées, les informations ont été classées et simplifiées, permettant ainsi d'établir un plan clair et structuré.

L'un des éléments clés de cette intervention a été la négociation avec l'assureur afin de débloquer les fonds de l'assurance vie. Bien que ce type de démarche soit souvent long et complexe, nous avons persévéré en allant au-delà des attentes habituelles. Antoine a pris le temps d'expliquer en détail les subtilités du contrat et de réunir les pièces justificatives nécessaires, veillant à ce qu'aucun élément ne soit négligé pour éviter tout retard inutile.

Parallèlement, nous avons élaboré un plan financier à la fois simple et efficace, axé sur ses besoins immédiats tout en posant les bases de sa sécurité à long terme. Ce plan visait d'abord à gérer les obligations urgentes, telles que le remboursement des dettes et les dépenses courantes, tout en amorçant une réflexion sur des placements adaptés à ses nouvelles priorités de vie.

Grâce à cette intervention, notre client a pu transformer une situation initialement chaotique en une phase de reconstruction. En quelques mois, il est passé d'un état de confusion et d'impuissance à une gestion maîtrisée et structurée de ses finances. Les fonds de l'assurance vie ont été débloqués, lui assurant une sécurité immédiate et allégeant considérablement son anxiété.

Au-delà de cet aspect financier, il a également retrouvé une sérénité émotionnelle, fruit de notre présence constante et de notre capacité à répondre à ses interrogations avec clarté et empathie. À plusieurs reprises, il a exprimé combien il se sentait soutenu, entendu et guidé tout au long de cette période de transition. Ce cas illustre avec force l'importance de l'écoute et de la proximité au cœur de notre approche.

Bien plus que de simples solutions techniques, cette démarche démontre que l'accompagnement humain peut transformer des périodes de crise en occasions de redéfinir un avenir plus stable. Face aux bouleversements de la vie ou aux situations financières complexes, il est essentiel de pouvoir compter sur une expertise de qualité et un soutien bienveillant.

Sur la base de cette étude de cas, voici trois questions clés à considérer pour vous aider à intégrer les apprentissages et analyser votre situation :

1. Ai-je une organisation claire et accessible de mes documents financiers pour assurer une gestion sereine, même en cas d'imprévu ?

Cette question vous invite à évaluer votre niveau de préparation face aux aléas de la vie. Vos documents essentiels – assurances, relevés bancaires, testaments, directives – sont-ils centralisés, à jour et facilement accessibles pour simplifier les démarches en cas de besoin ?

2. Quels soutiens ou ressources pourrais-je mobiliser pour alléger ma charge émotionnelle et administrative en cas de crise ?

Réfléchissez aux personnes de confiance qui pourraient vous accompagner lors de périodes de transition complexe, qu'il s'agisse de professionnels expérimentés ou de proches. Identifiez les ressources ou services capables de vous aider à structurer vos finances avec clarté et humanité.

3. Comment puis-je transformer une situation éprouvante en une occasion de redéfinir mes priorités et d'établir une stabilité financière durable ?

Analysez les enseignements que vous pouvez tirer de vos défis financiers ou personnels afin de repenser vos objectifs à court et à long terme. Cette réflexion vous permettra de transformer une épreuve en un levier pour constituer une gestion patrimoniale proactive et résiliente.

Simplification et soutien dans un moment critique

Les bouleversements de la vie ne se limitent pas à l'émotionnel, ils s'accompagnent souvent d'une surcharge financière et administrative qui peut paralyser. L'histoire d'une cliente, récemment devenue veuve après le décès soudain de son mari pharmacien propriétaire, illustre comment notre approche conjuguant humanité et expertise peut transformer une situation chaotique en un chemin vers la clarté et la maîtrise.

Habituée à un niveau de vie confortable, cette cliente n'avait jamais été impliquée dans la gestion des finances familiales. Son mari avait toujours assumé cette responsabilité, laissant peu de visibilité à son épouse sur leurs actifs, leurs assurances et leurs obligations financières. À la suite de son décès inattendu, elle s'est retrouvée confrontée à une montagne de documents désordonnés, sans savoir par où commencer.

Elle s'est tournée vers nous complètement submergée, transportant littéralement des boîtes remplies de papiers en désordre, allant de factures oubliées à des contrats d'assurance non identifiés. Elle ne comprenait ni la portée réelle de sa situation financière ni les démarches nécessaires pour assurer la pérennité de ses ressources. L'absence de structure et de connaissances financières l'amenait à craindre des erreurs ou des oublis pouvant avoir de lourdes conséquences pour elle et sa famille.

Les défis auxquels elle faisait face étaient multiples. D'une part, le désordre documentaire compliquait toute tentative d'établir un portrait clair de sa situation financière. Elle ignorait l'existence ou le statut des assurances, des actifs ou des dettes, ce qui renforçait son sentiment d'impuissance.

D'autre part, l'impact émotionnel de la perte de son mari rendait chaque étape plus difficile à affronter. Son incapacité à faire face seule nourrissait une anxiété constante, tandis que la peur de commettre des erreurs la paralysait. Cette surcharge émotionnelle et administrative nécessitait une intervention méthodique et empreinte d'empathie.

Face à l'urgence de la situation et à son impact émotionnel, une approche axée sur la simplicité et le soutien humain a été privilégiée. Une équipe dédiée a travaillé en étroite collaboration avec la cliente pour trier, classer et structurer l'ensemble des documents accumulés. Chaque rencontre visait à apaiser le sentiment de chaos en transformant un désordre insoutenable en étapes accessibles et gérables.

La première phase a consisté à identifier les éléments essentiels : contrats d'assurance, actifs financiers, dettes et obligations administratives. Ce travail minutieux a permis d'obtenir une vue d'ensemble précise de la situation et de hiérarchiser les priorités. Les communications avec les compagnies d'assurance ont également été prises en charge, ce qui a permis d'accélérer les démarches de réclamation et d'alléger considérablement la charge administrative.

Un autre aspect clé de notre intervention a été d'impliquer la fille de la cliente au sein du processus. En intégrant un membre de la famille, nous avons renforcé le soutien émotionnel tout en transmettant progressivement les connaissances nécessaires à une gestion financière future. Cette collaboration a permis de mettre en place un environnement sécurisant où les décisions pouvaient être prises avec discernement et confiance.

Enfin, nous avons établi une stratégie financière simplifiée et efficace visant à assurer la stabilité à court terme tout en érigeant les bases d'une gestion plus proactive à long terme. Chaque étape a été accompagnée d'explications claires afin que la cliente puisse se sentir progressivement plus autonome et confiante.

En quelques mois, elle est passée d'un état de confusion totale à une compréhension claire et structurée de sa situation financière. Les démarches administratives ont été simplifiées, les assurances débloquées, et les actifs organisés en fonction de ses besoins immédiats et futurs. Elle a exprimé un profond soulagement en raison des résultats concrets obtenus et de l'accompagnement humain dont elle a bénéficié tout au long du processus.

Avec notre soutien, elle a surmonté un moment critique et elle a acquis les fondements nécessaires pour gérer son patrimoine avec davantage de confiance. Sa fille, impliquée dès le départ, a elle aussi développé des compétences précieuses, assurant ainsi une continuité dans la gestion financière familiale.

Cette étude de cas illustre qu'une situation financière désorganisée peut être transformée grâce à une approche méthodique et empathique. Lorsqu'une personne se trouve dépassée par des tâches complexes ou par un événement imprévu, il est essentiel qu'elle puisse compter sur un accompagnement alliant expertise, écoute attentive et soutien personnalisé. Avec les ressources appropriées, chaque défi peut devenir une occasion de bâtir une stabilité durable et de retrouver la sérénité.

Voici trois questions clés à considérer pour ériger les bases d'une gestion financière proactive et résiliente, même dans les moments les plus difficiles :

1. Est-ce que je me suis déjà demandé ce qui se passerait si un imprévu majeur survenait demain et si je serais prêt, tant sur le plan émotionnel que financier, à y faire face ?

Cette question vous invite à évaluer l'état actuel de vos finances et à mesurer l'importance de centraliser et de structurer vos documents pour en faciliter la gestion, en particulier en cas d'imprévu.

2. Comment puis-je préparer dès maintenant un proche de confiance pour qu'il soit informé et impliqué dans la gestion de mes finances avant qu'un imprévu ne survienne ?

Partager certaines compétences et responsabilités financières avec des membres de votre entourage vous permettra d'implanter un système de soutien efficace et d'éviter qu'une seule personne ne porte toute la charge en cas de difficulté.

3. Quelles actions concrètes puis-je poser dès aujourd'hui pour simplifier et clarifier ma gestion financière afin d'éviter d'être dépassé en cas de crise ?

Cette réflexion vous aidera à identifier les actions concrètes nécessaires pour passer d'un état de confusion à une gestion structurée et à développer une confiance accrue envers vos décisions financières.

Ce chapitre rappelle que les grandes transitions, qu'elles soient imprévues ou planifiées, marquent des tournants décisifs dans la construction d'un parcours financier solide. À travers des exemples concrets, il démontre qu'une gestion proactive et empathique des bouleversements permet non seulement de surmonter les obstacles, mais aussi d'ancrer des bases durables pour l'avenir. Impliquer un membre de la famille ou un ami de confiance dans ce processus en amont contribue également à renforcer la résilience et à assurer une continuité au moment où chaque décision compte.

Qu'il s'agisse de la gestion d'une rentrée de liquidités inattendue ou d'un accompagnement après un événement marquant, chaque expérience met en lumière l'importance d'une organisation rigoureuse et d'un soutien humain attentif. En adoptant une vision stratégique et en s'entourant de ressources compétentes, il devient possible de redéfinir ses priorités et de tracer un chemin durable vers la sérénité financière.

Ce processus exige résilience, clarté et capacité d'adaptation, mais il montre aussi que chaque obstacle peut devenir une occasion de grandir, d'apprendre et de consolider ce qui compte vraiment.

Votre sommet financier ne se mesure pas uniquement à vos acquis, mais à votre capacité à transformer chaque transition en tremplin vers la maîtrise, la sérénité et un impact durable.

CHAPITRE 11

Des sommets financiers aux passages humains : l'art du changement en haute altitude

« Chaque décision financière est un pas vers votre sommet. Ce qui compte, c'est l'équilibre entre ambition et résilience. »

Après avoir exploré l'importance de bien maîtriser les transitions financières au chapitre précédent, il est temps d'approfondir cette réflexion. Vous avez découvert comment des stratégies proactives peuvent transformer des périodes d'incertitude en occasions de croissance durable. Mais pour traverser ces tournants avec succès, il est tout aussi essentiel de comprendre leur impact humain et émotionnel.

Dans ce nouveau chapitre, nous vous invitons au cœur des récits de nos clients pour illustrer comment les décisions financières majeures s'inscrivent dans des contextes profondément personnels. Vous découvrirez comment un accompagnement à la fois stratégique et empreint d'empathie peut aider à traverser des situations complexes, qu'il s'agisse de gérer une rentrée importante de liquidités, les finances au sein d'un couple, d'une famille d'entrepreneurs ou entre différentes générations, ou encore de surmonter des bouleversements imprévus.

À travers ces récits, nous souhaitons vous offrir des solutions concrètes et vous transmettre des clés pour aborder vos propres transitions avec lucidité et sérénité. Vous découvrirez des histoires qui illustrent qu'au cœur de chaque décision financière se trouve un juste milieu entre ambition, résilience et vision pour l'avenir.

À chaque étape de notre parcours financier, qu'il s'agisse d'épargner, d'investir ou de planifier une succession, nous faisons face à la fois à des risques et à des possibilités. Tout comme atteindre le sommet de l'Everest exige persévérance et résilience, constituer une sécurité financière demande un effort constant, soutenu par une équipe compétente et une stratégie clairement définie. Êtes-vous prêt à poursuivre votre propre ascension vers une prospérité durable ?

Lorsque nous observons les profils de nos clients, nous constatons qu'ils partagent souvent des défis complexes, mais profondément humains. Nous accompagnons des personnes dans des moments charnières de leur vie, qu'il s'agisse de périodes de croissance ou de passages plus difficiles. Nos clients sont des dirigeants d'entreprise, des cadres supérieurs, des couples d'entrepreneurs, mais aussi des familles fortunées confrontées à des transitions délicates.

Prenons l'exemple d'un dirigeant en pleine progression professionnelle, qui se retrouve avec des options d'achat d'actions ou un forfait de rémunération complexe. Dans ce type de situation, l'accompagnement devient essentiel pour naviguer avec justesse à travers les implications fiscales et financières.

C'est souvent à ce moment précis que l'importance d'un accompagnement sur mesure prend tout son sens. La question de la diversification des actifs devient alors centrale afin de limiter le risque associé au fait que le revenu d'emploi et la rémunération sous forme d'options dépendent tous deux de la même entreprise.

Un exemple marquant est celui d'une cadre dirigeante ayant participé à l'introduction en bourse de sa société, où elle était la cinquantième employée. Au fil des années, elle n'avait jamais liquidé ses options d'achat accumulées avant l'entrée en bourse. Notre intervention a consisté à lui recommander une vente partielle de ces options, réduisant ainsi son exposition financière de 90 % à 30 % de ses avoirs nets totaux.

Quelques mois plus tard, plusieurs nouvelles défavorables ont provoqué une chute de 80 % de la valeur boursière de l'entreprise. Grâce à la stratégie de diversification mise en place, son indépendance financière a été préservée.

De la même manière, les chefs d'entreprise qui vendent leur société ou qui reçoivent un afflux soudain de liquidités – par exemple à la suite d'une vente – se retrouvent confrontés à des décisions déterminantes. Il devient alors essentiel de clarifier les objectifs financiers de la famille, d'effectuer un exercice budgétaire mensuel rigoureux, puis de mettre en place une politique d'investissement cohérente avec leurs aspirations.

Dans ce contexte, ils nous confient un rôle clé pour les accompagner dans cette transition. Les entrepreneurs à succès savent que leur réussite repose sur la force de leur équipe et leur capacité à déléguer aux bonnes personnes. C'est précisément face à ces nouvelles complexités qu'ils font appel à nos services.

Vous vous trouvez peut-être dans une situation similaire : un grand changement de vie, des interrogations sur la meilleure manière de gérer de nouvelles ressources financières. Il ne faut pas non plus oublier les familles confrontées à des transitions majeures, telles qu'un divorce, la dissolution d'un partenariat, un décès ou un transfert intergénérationnel.

Nous nous souvenons d'une cliente arrivée peu après le décès soudain de son mari, un médecin spécialiste, les bras chargés de boîtes débordant de documents en désordre. Désemparée, elle ignorait par où commencer. Cette expérience rappelle combien il peut être déstabilisant de devoir faire face à des décisions importantes au moment même où tout semble s'effondrer. Dans de telles situations, chaque geste compte pour alléger la charge et retrouver un sentiment de maîtrise, pas à pas.

Et vous, avez-vous déjà traversé une période où tout semblait se brouiller financièrement ? Sachez que personne n'est à l'abri de ces tempêtes et qu'il existe des ressources pour y faire face.

Il est également observé que cette dynamique concerne de nombreux professionnels qui souhaitent préparer leur transition vers la retraite ou simplement ralentir le rythme après des années de travail intense. Beaucoup aspirent à ouvrir un nouveau chapitre de leur vie. Dans ces situations, l'accompagnement vise à harmoniser les finances avec les aspirations personnelles afin de franchir cette étape avec clarté et confiance.

Il existe aussi des transitions plus discrètes, mais tout aussi déterminantes : celles qui se vivent à deux, au sein de couples engagés ensemble dans une aventure entrepreneuriale. N'oublions pas les entreprises familiales, où cohabitent différentes personnalités, plusieurs rôles au sein de l'organisation, et parfois deux ou trois générations appelées à collaborer ou à se succéder. Dans ces histoires, la vie personnelle et la vie professionnelle s'entrelacent en permanence, exigeant une gouvernance à la fois émotionnelle et stratégique.

Abordons maintenant un défi que rencontrent de nombreux clients : comment gérer les finances lorsque l'amour et l'ambition partagent la même adresse, le même nom de famille ? Lorsque deux ou plusieurs partenaires unissent leur vie personnelle et leur aventure entrepreneuriale, la gestion financière devient un exercice délicat où il faut sans cesse trouver un équilibre entre indépendance, transparence et co-construction.

La première source de tension réside souvent dans la confusion des rôles. Où s'arrête la gestion individuelle et où commence celle du couple ou de la famille ? Sans entente claire, les décisions financières peuvent rapidement devenir des sources de friction, surtout lorsque les revenus sont irréguliers ou que les niveaux de tolérance au risque diffèrent.

Il est donc essentiel d'établir une structure financière qui préserve l'autonomie de chacun tout en consolidant une vision commune. Cela passe par la mise en place d'outils concrets tels que des comptes séparés et conjoints, un budget stratégique à deux et des rencontres régulières pour faire le point sur la santé financière du foyer. Lorsque la croissance de l'un semble temporairement surpasser celle de l'autre, la tentation de comparer ou de juger peut fragiliser l'équilibre.

Dans le cadre d'une entreprise familiale, la création d'un comité de famille composé en partie de personnes objectives extérieures peut aussi jouer un rôle clé pour faciliter les discussions, préserver l'harmonie et soutenir la prise de décision collective.

La passation d'une entreprise familiale d'une génération à l'autre représente un défi de taille. Passer de la première à la deuxième génération exige souvent de formaliser des structures de gouvernance, de clarifier les rôles et de prévenir les tensions familiales tout en préservant la vision fondatrice. Le passage à la troisième génération ajoute encore à la complexité : le nombre d'actionnaires augmente, les intérêts familiaux se diversifient, l'implication opérationnelle directe diminue parfois et le risque de dilution de la culture d'entreprise s'accentue.

Assurer la pérennité repose alors sur une planification rigoureuse, mais surtout sur une communication transparente et continue. Il devient essentiel de reconnaître les forces et les défis propres à chaque membre de la famille afin de les positionner dans des rôles complémentaires, dans le respect des talents, des limites et des aspirations de chacun. Cette complémentarité est la clé pour préserver l'équilibre et favoriser l'engagement collectif.

L'intégration de mécanismes comme des conseils de famille, des chartes formelles ou même la participation de personnes neutres et objectives peut faciliter les discussions et soutenir la prise de décision. Le lâcher-prise du fondateur ou de la présidente, l'acceptation des nouvelles méthodes, ainsi que la confiance accordée à la relève sont autant de passages obligés pour que l'entreprise continue d'évoluer et de prospérer.

C'est pourquoi instaurer un espace de dialogue authentique, où émotions, aspirations et craintes liées à l'argent peuvent être exprimées sans tabou, s'avère fondamental. La réussite d'un couple entrepreneurial ou d'une famille en entreprise ne se mesure pas uniquement à ses résultats financiers, mais à sa capacité à avancer ensemble, main dans la main, à travers les hauts et les bas du parcours, en gardant toujours en vue leur sommet commun.

Comme dans l'ascension de l'Everest, chaque étape de la transmission d'une entreprise familiale demande une préparation spécifique, un renforcement de la cohésion et une adaptation constante aux nouvelles conditions. Si le passage de la première à la deuxième génération pose déjà son lot de défis, celui vers la troisième génération peut s'apparenter à une portion plus technique de l'ascension : les cordées s'allongent, les partenaires se multiplient, les visions se diversifient.

Pour atteindre ce sommet sans perdre l'équilibre, il est essentiel de s'appuyer sur une planification rigoureuse, un leadership éclairé et une communication continue qui assurent l'alignement du groupe malgré la complexité croissante.

La complémentarité professionnelle d'un couple ou d'une famille d'entrepreneurs peut devenir une force de propulsion remarquable, à condition d'être soigneusement orchestrée. L'un des défis majeurs consiste à accorder les visions à long terme tout en respectant les rythmes distincts de chaque projet.

Au sein de cette dynamique, les décisions portant sur les investissements, la répartition des revenus ou encore la fiscalité doivent être évaluées non seulement sous l'angle de leur rentabilité, mais aussi selon leur impact sur l'harmonie du foyer, de la famille et de la vision commune de chacun.

Par exemple, l'un des partenaires peut privilégier une croissance rapide tandis que l'autre accorde la priorité à la stabilité. En l'absence d'un cadre de gouvernance familiale bien élaboré, ces divergences risquent d'engendrer des tensions. Les couples et familles que nous voyons réussir sur le long terme sont ceux qui ont mis en place un véritable « conseil de famille », où les règles du jeu, les objectifs de contribution et les mécanismes de prise de décision sont explicitement définis.

Ce cadre de gouvernance permet aussi de répondre à des questions concrètes. Quelle part des revenus sera réinvestie ? Comment répartir les responsabilités liées aux enfants/neveux ou à l'entreprise ? Jusqu'où est-on prêt à prendre des risques au nom du couple et de la famille ? Gérer l'organisation et les finances à plusieurs demande bien plus qu'un amour partagé. Cela exige du leadership, de la clarté et une aptitude à se soutenir mutuellement dans le doute comme dans la réussite.

La transmission des entreprises familiales : un enjeu majeur à l'aube d'une transition historique

Un phénomène d'envergure se profile au Canada et aux États-Unis : celui de la transmission massive des entreprises familiales au cours des dix à vingt prochaines années. Ce mouvement, souvent qualifié de « plus grand transfert de richesse intergénérationnelle de l'histoire », représente à la fois un défi colossal et une opportunité sans précédent pour les entrepreneurs et leurs familles.

Au Canada, on estime que 60 à 65 % des entreprises privées sont familiales (Family Enterprise Canada). Or, plus de 60 % des propriétaires de PME ont aujourd'hui plus de cinquante ans (BDC, Statistique Canada) et environ 75 % d'entre eux envisagent de vendre ou de transférer leur entreprise d'ici dix ans.

Parmi ces entreprises, seulement 30 % atteignent la deuxième génération et à peine 12 à 13 % la troisième. La majorité des transmissions échouent ou perdent leur vitalité au fil des générations, principalement par manque de préparation et d'accompagnement stratégique. Selon Family Enterprise Canada, environ 40 % des entreprises familiales actives devront planifier une transition générationnelle au cours des dix prochaines années.

Les chiffres sont tout aussi frappants en matière de valeur patrimoniale : entre 1000 et 3000 milliards de dollars canadiens d'actifs d'entreprises – incluant les parts d'entreprises, immobilisations, liquidités et autres actifs – devront être transférés ou vendus au Canada d'ici dix à vingt ans (Family Enterprise Canada, PwC, BDC).

Du côté des États-Unis, les entreprises familiales représentent 80 à 90 % de l'ensemble des entreprises privées (US Census Bureau, Family Enterprise USA). Près de 60 % des propriétaires prévoient une transmission ou une vente au cours de la prochaine décennie. Actuellement, 30 à 40 % des entreprises familiales américaines sont dirigées par la deuxième génération, tandis que seulement 12 à 15 % ont atteint la troisième génération ou plus.

Sur le plan économique, les estimations indiquent qu'environ 10 000 à 12 000 milliards de dollars américains d'actifs – principalement sous forme d'entreprises familiales et de PME – seront transférés ou vendus au cours des dix prochaines années (PwC US, Family Enterprise USA).

À l'image d'une ascension vers un sommet, ce transfert générationnel massif appelle les entrepreneurs à une préparation minutieuse. Trop souvent, la transmission est perçue comme un événement ponctuel alors qu'elle devrait être abordée comme un projet stratégique à long terme, intégrant des considérations humaines, fiscales, juridiques et émotionnelles.

Cette transition n'est pas simplement un passage de témoin financier : elle représente une chance de transmettre des valeurs, une vision et un impact durable, tout en sécurisant la pérennité de l'entreprise ou du patrimoine.

Et pour les jeunes générations ? Cette transition générationnelle soulève aussi un autre enjeu souvent sous-estimé : celui des jeunes membres de la famille qui, parfois du jour au lendemain, se retrouvent propulsés dans un rôle de dirigeant ou d'actionnaire majeur. Leurs revenus peuvent passer de niveaux modestes à des montants significatifs, sans qu'ils aient nécessairement les outils ou l'expérience pour en assurer une saine gestion.

Cette nouvelle réalité exige bien plus qu'une transmission légale des actifs : elle appelle une transmission des compétences, des savoirs et des réflexes financiers essentiels. La planification patrimoniale, la gouvernance familiale et l'éducation financière deviennent alors des piliers indispensables pour protéger ce patrimoine et garantir une continuité harmonieuse.

Et vous, si toutes les ressources nécessaires étaient à votre disposition, quels grands rêves aimeriez-vous concrétiser ?

Croissance fulgurante du secteur technologique au Canada

Au Canada, le secteur technologique a connu une croissance fulgurante, favorisant l'émergence de nombreuses fortunes de première génération. Ces individus, souvent de jeunes entrepreneurs ou des cadres supérieurs, ont bâti des patrimoines importants grâce à leur succès dans des domaines tels que la cybersécurité, les *fintechs* (des entreprises qui utilisent la technologie pour repenser, simplifier ou améliorer les services financiers), l'intelligence artificielle, les technologies propres et les télécommunications.

Par ailleurs, on observe une croissance marquée du nombre d'investisseurs et d'entrepreneurs issus du secteur technologique. Ce qui frappe chez ces profils, c'est la vitesse à laquelle ils accumulent du capital. Au Canada, le phénomène des « nouveaux riches » provenant des technologies est encore relativement récent. Ces clients doivent souvent structurer leur patrimoine dans une perspective de long terme – un domaine dans lequel notre expertise trouve tout son sens.

Ces nouveaux fortunés, tout comme les autres clients à hauts revenus, partagent souvent un même besoin : un accompagnement qui va bien au-delà de la simple gestion financière – laquelle n'est en réalité qu'un des nombreux volets qu'un gestionnaire de patrimoine doit maîtriser. Ils recherchent une vision globale et une stratégie axée sur la pérennité de leur patrimoine.

Cette accumulation rapide de richesse est relativement récente au Canada, contrairement aux États-Unis ou à certaines nations européennes où les grandes fortunes s'enracinent depuis plusieurs générations. Ces nouvelles fortunes se distinguent donc des patrimoines traditionnels issus de familles où la richesse se transmet de génération en génération. Ce phénomène reflète l'évolution dynamique de l'économie canadienne, portée par la transition vers des industries axées sur la technologie et l'innovation.

Pour illustrer cette dynamique, quelques chiffres clés permettent de mieux comprendre l'ampleur du phénomène :

- Technologies de l'information et des communications (TIC) : plus de 271 milliards $ CA de revenus annuels (Statistique Canada, 2023), avec une croissance annuelle moyenne de 5 à 7 %.
- Fintech : plus de 1 200 entreprises au Canada, avec des investissements passés de 0,5 milliard $ CA par an en 2017 à plus de 3 milliards $ CA par an en 2021–2022.
- Intelligence artificielle (IA) : 1 500+ entreprises avec des pôles d'envergure mondiale à Montréal et Toronto, représentant plus de 1,5 milliard $ CA d'investissements annuels.

- Cybersécurité : un marché de 5 milliards $ CA, avec environ 500 entreprises spécialisées, en croissance de 8 à 10 % par an.
- Technologies propres (*cleantech*) : plus de 1 000 entreprises, avec des exportations dépassant 13 milliards $ CA et environ 195 000 emplois directs.
- Télécommunications : secteur générant environ 55 milliards $ CA de revenus annuels, avec des investissements constants de 12 à 13 milliards $ CA par an.

Ces secteurs, moteurs de croissance, alimentent la création de nouvelles fortunes et de nouvelles entreprises familiales. Selon PwC et KPMG, environ 45 % des entreprises familiales fondées depuis 2000 au Canada proviennent de secteurs technologiques ou numériques.

Les entrepreneurs et investisseurs du secteur technologique incarnent parfaitement cette génération émergente de créateurs de richesse : jeunes, audacieux et capables de transformer des idées novatrices en entreprises florissantes. Leur contribution redéfinit le paysage économique et social du pays en insufflant une vision renouvelée de l'entrepreneuriat et de la réussite financière.

Cependant, cette croissance rapide s'accompagne de défis, notamment en matière de gestion patrimoniale, de planification fiscale et d'intégration sociale. Les services financiers spécialisés jouent un rôle essentiel pour accompagner ces acteurs dans la structuration, la préservation et la transmission de leur capital, tout en tenant compte des spécificités du secteur technologique et du contexte économique canadien.

Ainsi, cette dynamique illustre une transformation économique majeure, portée par l'essor de l'innovation et la création accélérée de richesse. Elle soulève toutefois des questions essentielles sur la pérennité et la gestion responsable de cette prospérité.

En résumé, nos clients viennent à nous avec des histoires uniques, mais leurs besoins restent universels : bénéficier d'un accompagnement à la fois humain et expert dans des moments où tout peut basculer. Derrière chaque enjeu financier se cachent des questions, des doutes, mais aussi d'immenses possibilités. Chacun mérite d'avoir accès aux bonnes réponses et de pouvoir compter sur une équipe compétente et attentive.

Pour illustrer ces propos, prenons l'exemple d'un jeune dirigeant talentueux qui se trouvait à un tournant décisif de sa carrière lorsqu'il nous a consultés. Propulsé au sein de la haute direction d'une entreprise en forte croissance, il s'était vu offrir un généreux forfait de rémunération, comprenant notamment des options d'achat d'actions conditionnées à l'atteinte d'objectifs stratégiques pour l'entreprise.

Ce succès rapide l'avait placé dans une position enviable, mais aussi complexe. Il devenait un « nouveau riche » avec des ressources financières importantes à gérer pour la première fois de sa vie. Une situation aussi stimulante qu'intimidante.

Lorsque ce client nous a sollicités, il se trouvait confronté à plusieurs défis majeurs. D'une part, les implications fiscales liées à ses nouvelles options de rémunération lui semblaient floues. Il redoutait de mal structurer ses décisions et de voir une partie significative de ses gains durement acquis s'envoler.

D'autre part, il s'interrogeait sur la meilleure façon d'optimiser cette nouvelle richesse afin de sécuriser son avenir tout en poursuivant sa trajectoire professionnelle ascendante. Comme beaucoup dans cette situation, il cherchait aussi à trouver un juste équilibre entre son ambition et une gestion patrimoniale durable, mais il lui manquait une vision claire, structurée et l'écosystème d'experts pour y parvenir.

C'est précisément là que la **roue multidisciplinaire** prend tout son sens. En réunissant autour de l'entrepreneur des experts complémentaires – fiscalistes, avocats, planificateurs financiers, spécialistes en assurances –, elle permet d'orchestrer une stratégie cohérente avec ses objectifs personnels et professionnels.

Grâce à un accompagnement stratégique, il devient possible de clarifier les étapes essentielles pour maximiser la valeur financière nouvellement créée. Une planification rigoureuse peut inclure l'élaboration d'une stratégie fiscale sur mesure, la mise en place d'une politique de placement adaptée aux besoins actuels et aux aspirations futures, ainsi que la structuration du patrimoine en harmonie avec les priorités personnelles.

Dans cette optique, la diversification des actifs joue un rôle central. C'est précisément ce que permet le bouclier patrimonial d'investissement (BPI), en combinant de façon équilibrée trois piliers : les placements en gestion d'actifs, les investissements en entreprises privées et l'immobilier.

Nous pensons notamment à l'exemple d'un jeune dirigeant ayant récemment vendu sa première entreprise technologique. Avec une partie de son capital, il a pu structurer un portefeuille diversifié selon les principes du BPI, ce qui lui a permis non seulement de sécuriser ses acquis, mais aussi de financer de nouveaux projets entrepreneuriaux tout en assurant la croissance durable de son patrimoine.

Lorsqu'un tel alignement est atteint, les décisions financières gagnent en cohérence et en efficacité. Ce qui en découle, c'est un sentiment de maîtrise, une confiance renouvelée et la liberté de se concentrer sur l'essentiel : diriger avec vision et audace.

Et vous, vous êtes-vous déjà retrouvé face à une occasion inattendue, porteuse à la fois de nouvelles perspectives et de nouveaux défis ? Si c'est le cas, sachez qu'il existe des solutions pour transformer ces défis en réussites durables.

Les priorités en matière de placements reposent toujours sur un équilibre subtil entre la valeur nette et la répartition des classes d'actifs. Il est frappant de constater à quel point ces priorités évoluent en fonction de la situation patrimoniale.

Ce qui importe pour une personne disposant d'un patrimoine modeste diffère grandement des préoccupations d'un investisseur plus fortuné.

Pour les patrimoines inférieurs à 500 000 $, l'objectif principal demeure généralement la croissance. L'accent est mis sur la construction d'une base solide, par exemple au moyen de placements plus dynamiques, comme les actions. Cette quête de performance implique une tolérance au risque qu'il convient de bien cerner et de gérer en tenant compte de l'âge, des objectifs et de la situation propre à chaque investisseur.

Il est essentiel de souligner que chaque situation est unique. Avant de prendre des décisions financières, il est recommandé de consulter un professionnel qualifié afin d'obtenir des conseils adaptés à votre réalité.

À mesure que le patrimoine progresse, par exemple entre 1 et 5 millions de dollars, d'autres considérations prennent le relais, notamment la diversification. C'est souvent à ce stade que se mettent en branle des stratégies plus sophistiquées : immobilier, infrastructures, placements privés (capital-investissement, capital-risque), stratégies d'options ou encore produits structurés, parfois par l'intermédiaire de fonds de couverture. La gestion fiscale devient alors un levier incontournable pour optimiser chaque décision.

Au-delà de 10 millions de dollars, l'attention se déplace puisque la préservation du capital prime sur la recherche de rendement. L'objectif est désormais de minimiser les pertes potentielles et de sécuriser le patrimoine accumulé. Les actifs plus défensifs – obligations, fonds de couverture, produits garantis – occupent alors une place croissante dans la stratégie globale.

Passé le cap des 20 millions, d'autres préoccupations prennent le relais : transmission intergénérationnelle, philanthropie structurée, mobilité internationale, optimisation successorale. La gestion du patrimoine ne se limite plus à sa croissance, mais vise à en assurer la pérennité et l'impact à long terme.

En réalité, ces priorités évoluent sans cesse. Elles s'adaptent à votre parcours, à vos ambitions et aux actifs que vous choisissez de privilégier. Alors, où en êtes-vous dans vos priorités financières ? Avez-vous pris le temps de réfléchir à ce qui compte aujourd'hui pour vous et pour ceux qui vous succéderont ?

Les piliers d'un accompagnement sur mesure

Explorons à présent le cas d'un client dont le parcours illustre de façon éloquente les enjeux de la gestion familiale dans le secteur immobilier. Son histoire offre des enseignements particulièrement inspirants pour ceux et celles qui souhaitent amorcer une démarche de transmission patrimoniale.

Avant d'entrer dans les détails, soulignons que ce client nous a été présenté grâce à l'un de nos partenaires issus d'une association. Ce partenariat témoigne de la richesse des alliances stratégiques qui ouvrent souvent la voie à des possibilités de grande valeur.

Ce client occupe une place importante dans le domaine immobilier. Avec sa famille, il administre un portefeuille de plus de six cents portes. Sa priorité était claire : réorganiser la structure fiscale de ce patrimoine et amorcer une réflexion approfondie sur la transmission intergénérationnelle des actifs familiaux.

Le père, qui détenait près de 85 % des actifs, envisageait de céder une partie de son patrimoine afin de faciliter une transition intergénérationnelle. Toutefois, cette réflexion demeurait à l'étape des discussions, car ce type de décision peut rapidement devenir un véritable casse-tête lorsqu'il s'agit de concilier les émotions familiales et les impératifs financiers.

Un autre enjeu majeur concernait les besoins en liquidités auxquels la famille devait faire face. Une vente partielle d'actifs ou une restructuration globale du portefeuille était envisagée pour répondre à ces défis. C'est ce contexte qui les a conduits à solliciter un accompagnement global, alliant stratégie fiscale, planification successorale et gestion patrimoniale sur le long terme.

Vous êtes-vous déjà interrogé sur la meilleure manière de structurer un patrimoine familial afin qu'il soit à la fois optimisé et protégé ? C'était précisément la question au cœur des préoccupations de cette famille.

En cas d'imprévu, tel qu'un décès, la famille souhaitait garantir une stabilité financière pour les générations futures, tout en veillant à préserver l'intégrité de son capital sans mettre en péril la santé de l'entreprise familiale. L'objectif était d'éviter d'avoir à vendre une part importante du patrimoine immobilier pour acquitter des impôts latents qui se chiffraient à plusieurs dizaines de millions de dollars.

C'est dans ce contexte que notre intervention a pris tout son sens. Une révision complète des structures fiscales a permis d'aligner plus efficacement les décisions financières avec les objectifs familiaux.

Une fois cette étape franchie, le renforcement de la planification successorale et la mise en place de stratégies d'assurance adaptées se sont imposés naturellement. L'ensemble de ces actions a contribué à instaurer une tranquillité d'esprit durable pour toute la famille et à faciliter le transfert intergénérationnel de l'entreprise.

Dans de tels contextes, il faut aussi tenir compte des dynamiques familiales, des relations entre les membres et de l'incidence que ces décisions peuvent avoir sur la cohésion du groupe. Des solutions concrètes ont donc été mises en place pour assurer une gestion fluide tout en anticipant les sources potentielles de tension.

Et vous, comment anticipez-vous ce type de situations ? Vous êtes-vous déjà demandé comment préserver la valeur de votre patrimoine tout en maintenant l'harmonie familiale ?

Ce qui distingue certaines collaborations durables, c'est le niveau de confiance qui se tisse au fil des échanges. Lorsque les discussions sont franches et approfondies, une relation saine peut se développer, permettant d'aborder des sujets épineux avec clarté et sérénité.

Dans ce type de contexte, la gestion des finances personnelles et familiales dépasse le cadre strictement technique pour devenir un accompagnement à la fois stratégique et humain visant à préserver l'indépendance financière, la pérennité, la culture et l'harmonie de l'entreprise familiale sur le long terme.

Par exemple, des mécanismes de protection du capital peuvent être mis en place afin d'anticiper les imprévus. Si une personne clé de la famille venait à décéder subitement, l'organisation patrimoniale serait déjà structurée pour garantir la stabilité et la pérennité.

Ce type de planification permet d'assurer une continuité fluide et une réelle tranquillité d'esprit. Il vaut donc la peine de se poser la question suivante : que se passerait-il si un événement inattendu venait bouleverser l'équilibre financier actuel ? Les réflexions qui en découlent, bien que parfois inconfortables, sont généralement déterminantes pour protéger ce qui compte vraiment.

Au-delà des résultats financiers, cet accompagnement révèle une réalité essentielle : il ne s'agit pas seulement d'optimiser les rendements ou de structurer des actifs, mais aussi d'incarner une présence humaine dans les moments cruciaux. Ce rôle exige une écoute, une proximité et une compréhension fine des dynamiques personnelles et familiales. La réussite d'une planification repose ainsi autant sur la justesse de la stratégie que sur la qualité des relations entre les personnes impliquées.

Au-delà des chiffres : construire une vision durable

Prenons maintenant l'exemple d'une entreprise technologique en plein essor pour illustrer comment un partenariat stratégique peut transformer un modèle d'affaires prometteur en succès concret. Cette collaboration a joué un rôle déterminant dans plusieurs aspects de leur croissance et constitue une source d'inspiration pour toute personne souhaitant maximiser le potentiel de son entreprise.

Fondée à Montréal en 2016, cette société a développé une plateforme de réservation d'hébergements géolocalisés, conçue pour faciliter la recherche de logements à proximité d'événements spécifiques. Sa solution s'intègre aisément aux sites Web des organisateurs, offrant aux participants une carte interactive des options d'hébergement disponibles.

Grâce à une base de données couvrant plus de deux cents pays, la plateforme permet de comparer les prix et de réserver divers types de logements, simplifiant ainsi le processus de réservation tout en générant des revenus d'affiliation pour ses partenaires.

Derrière cette idée innovante se trouvait une jeune pousse ambitieuse, confrontée aux défis classiques de toute entreprise émergente : passer d'un modèle prometteur à une structure solide et reconnue. À un moment charnière de leur développement, l'entreprise a sollicité notre accompagnement afin de consolider sa crédibilité, optimiser sa gestion financière et ouvrir la voie à de nouvelles options stratégiques.

Dès le départ, plusieurs enjeux majeurs ont été identifiés. Bien que leur positionnement fût déjà de qualité, il nécessitait un levier supplémentaire pour accéder à des cercles plus prestigieux. L'un de leurs objectifs était notamment d'obtenir des distinctions telles que le FAST 50, un programme annuel de Deloitte Canada qui récompense les entreprises technologiques affichant la plus forte croissance de revenus sur quatre ans.

De telles reconnaissances ne sont pas de simples marques de réussite. Elles agissent comme de véritables tremplins vers de nouveaux partenariats, de meilleurs financements et une visibilité accrue auprès d'investisseurs potentiels.

Un autre défi majeur résidait dans la gestion des liquidités. Avec une croissance rapide, il devenait essentiel de structurer la trésorerie afin de soutenir les projets stratégiques. Vous avez peut-être déjà vécu ce moment dans votre parcours entrepreneurial où chaque décision financière peut peser lourd sur l'avenir, alors vous savez que ces étapes cruciales exigent une expertise pointue.

Parallèlement, l'entreprise souhaitait maximiser les avantages sociaux offerts à ses employés et dirigeants. L'objectif était de renforcer son attractivité en tant qu'employeur, notamment par la mise en place de régimes d'assurance collective et de solutions de ressources humaines adaptées, contribuant ainsi à consolider sa culture interne.

Le partenariat mis en place a porté ses fruits sur plusieurs plans. La candidature au programme FAST 50 a bénéficié d'une révision approfondie du dossier, mettant en valeur les forces et le potentiel de croissance de l'entreprise. Cette démarche a mené à une qualification officielle, renforçant la crédibilité de l'organisation et ouvrant de nouvelles perspectives de développement.

Sur le plan financier, une structuration minutieuse de la gestion des liquidités a permis d'optimiser chaque dollar investi, favorisant une croissance à la fois rapide et sécurisée. La trésorerie a ainsi gagné en solidité, générant des rendements significatifs grâce à des stratégies ciblées. Cela a offert à l'équipe la tranquillité d'esprit nécessaire pour se concentrer sur l'innovation et l'expansion vers de nouveaux marchés.

En parallèle, la mise en place d'un régime d'assurance collective a soutenu la rétention et la satisfaction d'employés actuels, a augmenté l'attraction de futurs talents et a renforcé la stabilité organisationnelle. Cet accompagnement s'est progressivement élargi aux dirigeants eux-mêmes, approfondissant les liens de confiance et consolidant la portée stratégique de la collaboration.

Aujourd'hui, cette entreprise montréalaise incarne non seulement un modèle de réussite technologique, mais aussi un exemple de gestion financière et stratégique intégrée. Ce partenariat illustre avec force comment la synergie entre innovation et rigueur peut transformer les défis en occasions durables.

Cet exemple montre concrètement comment notre approche multidisciplinaire rassemble toutes les expertises et ressources nécessaires au sein d'une seule équipe pour offrir un accompagnement sur mesure à chaque entreprise et employé.

Et vous, quels leviers envisagez-vous d'activer pour maximiser votre potentiel ?

Une histoire qui inspire : transformations réussies

Pour conclure ce chapitre, explorons le parcours inspirant d'une cliente entrepreneure qui a surmonté des défis majeurs au fil des années pour transformer ses succès professionnels en une gestion patrimoniale exemplaire.

Si vous vivez vous-même une transition de vie nécessitant des décisions financières déterminantes, son histoire saura assurément faire écho à votre propre cheminement.

Cette cliente est une femme d'affaires chevronnée qui a bâti une carrière remarquable dans le secteur des bureaux d'optique. Tout au long de son parcours, elle a mené plusieurs transactions complexes, notamment des acquisitions et des cessions stratégiques. Cependant, c'est lors de la vente de son entreprise principale qu'un véritable tournant s'est opéré. Cette négociation, qui s'est étalée sur plus d'un an, a été jalonnée de discussions exigeantes et de décisions déterminantes.

Vous le savez sans doute, il est souvent difficile de prendre du recul lorsqu'il faut gérer simultanément les aspects émotionnels et financiers d'une transaction de cette envergure. Une fois la vente finalisée, cette femme souhaitait adopter une approche de gestion patrimoniale à la fois innovante et sur mesure afin de maximiser les fruits de cette étape décisive. Bien qu'elle ait toujours été accompagnée par des institutions financières traditionnelles, elle aspirait désormais à une solution sortant des sentiers battus.

Ce qui nous a particulièrement touchés, c'est que cette cliente nous connaissait déjà avant de faire appel à nos services. Elle avait suivi notre travail de près au fil d'une relation à la fois professionnelle et amicale. Ce lien de confiance préexistant a joué un rôle déterminant dans sa décision de nous confier la gestion de son patrimoine. Au-delà des seuls résultats financiers, ce choix reposait sur la conviction que ses attentes seraient prises en compte avec rigueur professionnelle et sensibilité humaine.

Lorsqu'elle s'est tournée vers nous, elle faisait face à trois défis majeurs. Le premier concernait la gestion de son capital à la suite de la transaction. Disposant désormais de fonds importants, elle souhaitait une stratégie dynamique en adéquation avec son profil d'entrepreneure et différente des approches trop conservatrices qu'on lui avait proposées jusque-là.

Peut-être avez-vous déjà ressenti cette frustration face à des conseils qui ne traduisent ni vos ambitions ni votre vision d'avenir ? Notre cliente désirait une gestion personnalisée, fidèle à son image et à ses attentes.

Ensuite, elle procédait à la révision de son testament et de ses mandats, ce qui l'amenait à repenser la transmission de ses actifs. Son objectif était clair : s'assurer à ce que son patrimoine soit non seulement protégé, mais aussi transmis dans le strict respect de ses volontés.

Enfin, elle accordait une attention particulière à l'éducation financière de ses enfants. Elle souhaitait leur transmettre de bonnes bases pour les préparer à gérer un jour le patrimoine qu'ils recevraient. Au-delà des chiffres, il s'agissait pour elle de leur inculquer des valeurs et une compréhension fine de la gestion financière.

L'accompagnement mis en place a permis de répondre à ces attentes essentielles. Sur le plan patrimonial, une stratégie sur mesure a été élaborée, mettant l'accent sur l'innovation et la diversification. L'approche retenue visait à refléter son esprit entrepreneurial avec une volonté claire : ne pas simplement investir dans des fonds mutuels conventionnels, mais aussi profiter pleinement des fruits de ses décisions financières. Cette démarche a renforcé sa confiance et généré une réelle satisfaction. Lorsqu'un plan financier est en cohérence avec les valeurs et les aspirations de l'individu, il devient un puissant levier de réalisation.

En matière de planification successorale, les éléments clés de la succession ont été pris en charge de façon structurée, ce qui a permis d'alléger la charge administrative tout en assurant une protection et une transmission optimales du patrimoine. Des mécanismes de flexibilité ont également été intégrés afin d'anticiper d'éventuels imprévus.

Enfin, une dimension éducative et l'implication de ses enfants ont été ajoutées au processus, visant à transmettre des connaissances financières aux membres de la génération suivante. Cette approche a contribué à instaurer une culture de gestion responsable et à renforcer les liens familiaux autour de valeurs communes. Ce type d'intervention transforme souvent un défi complexe en une occasion précieuse de continuité et d'harmonie intergénérationnelle.

Ce dernier exemple illustre combien une approche holistique et humaine peut faire la différence. Au-delà des rendements et des stratégies financières, il s'agit de tisser des relations fondées sur la confiance, la compréhension et le respect des objectifs de chacun.

Et vous, quelles sont vos aspirations pour votre patrimoine ? Que ce soit pour le protéger, le transmettre ou en tirer le meilleur parti, nous sommes convaincus qu'un accompagnement sur mesure peut transformer vos défis en possibilités durables.

Comme l'Everest, votre sommet financier représente un défi qui exige préparation, résilience et vision. Ce chapitre vous a montré que bâtir et préserver un patrimoine de qualité repose sur une compréhension approfondie de vos objectifs, de vos valeurs et des transitions qui jalonnent votre parcours.

Qu'il s'agisse de sécuriser vos acquis, d'anticiper les imprévus ou d'accorder vos finances avec votre vision à long terme, chaque étape constitue une occasion de croissance et de transformation. Souvenez-vous que la réussite ne se mesure pas seulement à la richesse accumulée, mais à la manière dont vous la faites fructifier pour consolider un avenir durable et fidèle à vos aspirations. Le sommet est à votre portée, à condition de continuer à avancer un pas à la fois vers des objectifs prédéterminés.

Voici trois questions clés pour vous aider à intégrer les principaux apprentissages de ce chapitre :

1. Ai-je un plan clair et structuré pour assurer la relève et le transfert intergénérationnel de notre entreprise ou de notre patrimoine familial ?

2. Suis-je ouvert et préparé à discuter des rôles, des responsabilités et des attentes avec la prochaine génération ?

3. Quelles stratégies sont mises en place pour préserver l'harmonie familiale tout en assurant la pérennité de mon entreprise ?

Votre Everest financier n'est pas qu'un sommet à atteindre ; c'est une aventure à vivre avec lucidité, stratégie et confiance. Vous êtes le guide de votre réussite. Chaque pas compte, alors assurez-vous qu'il vous rapproche de la vision que vous portez pour votre avenir.

Comme dans toute ascension, c'est la force du travail d'équipe et l'implication de toutes les générations qui permettent d'atteindre ensemble les plus hauts sommets.

CHAPITRE 12

L'architecture invisible : structurer, transmettre et protéger un patrimoine qui dure

« Si vous voulez aller vite, marchez seul. Si vous voulez aller loin, bâtissez une vision, une gouvernance et une relève. »

Après avoir exploré ensemble les sommets escarpés de l'émotion et de la transformation financière, vous avez compris qu'au cœur de chaque grande décision économique se trouve en réalité une décision humaine. Derrière chaque chiffre se cache une transition de vie, un moment de bascule, une quête de sens.

Dans ces instants de vulnérabilité et de renouveau, ce qui fait toute la différence, c'est la présence d'une équipe humaine, compétente et cohérente avec vos aspirations. Toutefois, franchir un cap implique aussi d'ouvrir la porte à une nouvelle responsabilité : celle de faire durer. Il ne s'agit plus seulement de croître ou de s'adapter, mais de structurer.

Ce qui a été construit avec courage, vision et détermination doit maintenant être consolidé avec discernement pour traverser les générations et résister aux aléas. C'est ici que s'amorce un nouveau chapitre : celui de l'architecture invisible. Une ascension plus discrète, mais tout aussi exigeante.

Atteindre l'indépendance financière est un sommet en soi. Mais la conserver, la faire vivre à travers le temps et la transmettre exige une tout autre forme de maîtrise. C'est là qu'intervient une sagesse partagée par les plus grands bâtisseurs de patrimoine, celle de rendre visible ce qui demeure souvent dans l'ombre : la structure, la gouvernance et l'intention durable.

Ce chapitre lève le voile sur cette « architecture invisible » que les familles fortunées et les entrepreneurs visionnaires ont appris à ériger pour protéger non seulement leurs actifs, mais aussi leurs valeurs.

Nous allons explorer les fondations discrètes qui permettent à un patrimoine de traverser le temps, au-delà d'une seule génération, en nous appuyant sur sept piliers éprouvés. Vous découvrirez comment instaurer une gouvernance familiale cohérente, investir dans des actifs alternatifs porteurs de sens et planifier une relève en adéquation avec votre vision.

Après tout, ce ne sont pas seulement des biens matériels qui se transmettent, mais aussi des repères, des choix et une manière de penser le monde. Ce chapitre est donc une invitation à passer de l'accumulation à la consolidation, à transformer votre richesse en un levier de continuité, de cohésion et d'impact.

Chaque pilier abordé s'accompagne d'exemples concrets, de pratiques exemplaires inspirées des plus grands bureaux de gestion familiale, ainsi que de trois questions introspectives pour nourrir vos propres réflexions. À la fin de ce chapitre, vous serez mieux outillé pour bâtir un patrimoine qui dépasse la simple valeur financière.

PILIER 1 – Transmission intergénérationnelle du patrimoine (gouvernance familiale)

La transmission intergénérationnelle du patrimoine ne se résume pas au simple transfert d'actifs. Elle repose sur une orchestration bien plus subtile de la gouvernance familiale. Cette dernière regroupe l'ensemble des structures, des règles et des espaces de dialogue qui permettent à une famille de prendre collectivement des décisions pérennes, de prévenir les conflits, de clarifier les rôles de chacun et de transmettre des valeurs aussi essentielles que les ressources financières elles-mêmes.

La gouvernance familiale prend souvent la forme d'un conseil de famille ou d'une charte familiale, deux outils qui structurent la communication, officialisent les engagements et renforcent la vision commune sur plusieurs générations.

Nombreuses sont les familles entrepreneures ayant atteint une certaine maturité patrimoniale qui choisissent de mettre en place un conseil de famille, même en l'absence d'un événement déclencheur immédiat. Ce conseil réunit les membres autour de questions clés telles que la succession, les critères d'entrée ou de sortie des actionnaires familiaux, la gestion des revenus issus de l'entreprise ou encore les priorités d'investissement. Cette instance favorise une culture de transparence et de dialogue, tout en réduisant les zones de flou susceptibles de générer des tensions.

En complément, certaines familles choisissent de formaliser leur vision à travers une charte familiale. Bien qu'elle ne possède pas de valeur légale, cette charte joue un rôle fondamental dans l'alignement à long terme. Elle contient généralement :

- Les valeurs communes qui guident les décisions d'investissement ou de philanthropie ;
- Les règles de gouvernance interne (par exemple : quorum, modalités de votes, répartition des rôles) ;
- Les priorités en matière de transmission, qu'elles soient éducatives, entrepreneuriales ou philanthropiques.

Ces outils gagnent en efficacité lorsqu'ils sont élaborés dans un esprit de collaboration avec la participation de l'ensemble des générations concernées. Ils contribuent non seulement à renforcer la cohésion familiale, mais aussi à structurer un patrimoine vivant, porteur de sens et de continuité.

Voici trois questions à considérer pour approfondir ce premier pilier :

1. Notre famille dispose-t-elle d'un espace clair pour discuter de l'avenir du patrimoine, des rôles de chacun et des valeurs que nous souhaitons transmettre ?

2. Avons-nous formalisé nos engagements, notre vision commune ou nos priorités intergénérationnelles à travers une charte ou un conseil structuré ?

3. Les membres de la prochaine génération se sentent-ils préparés, écoutés et impliqués dans les décisions clés liées au patrimoine familial ?

PILIER 2 – Stratégies de diversification avancées

Sortir des sentiers battus à l'aide du BPI constitue un défi essentiel pour bâtir un portefeuille « antifragile », capable de s'adapter et de prospérer face aux aléas économiques. Diversifier son portefeuille au-delà des marchés financiers traditionnels – actions, obligations et fonds communs – permet de réduire la volatilité globale, de capter de nouvelles sources de rendement et de renforcer la résilience du patrimoine.

Cette approche prend tout son sens pour les familles et les entrepreneurs ayant atteint un certain niveau de capitalisation (souvent de 5 à 10 millions de dollars et plus), car elle ouvre la voie à une gestion plus sophistiquée et à long terme intégrant différentes classes d'actifs.

Les bureaux de gestion familiale les plus aguerris allouent fréquemment entre 30 % et 50 % de leurs portefeuilles à des investissements dits « alternatifs ». Parmi ceux-ci figurent le capital-investissement (prise de participation dans des entreprises privées), les fonds de gestion alternative ou encore des actifs tangibles tels que l'art, les vins rares, les métaux précieux et, plus récemment, les actifs numériques comme les cryptomonnaies.

Bien que ces investissements soient souvent moins liquides que les titres traditionnels, ils peuvent offrir un potentiel de rendement supérieur ainsi qu'une meilleure protection contre les fluctuations des marchés boursiers. En cela, ils deviennent un levier stratégique pour asseoir la pérennité du patrimoine.

Dans le cas du **capital-investissement** ou du **capital-risque**, il s'agit d'investir dans des entreprises non cotées, souvent en phase de démarrage ou de forte croissance. Ces placements exigent généralement des montants substantiels, une période d'immobilisation de cinq à dix ans, ainsi qu'une certaine tolérance au risque. En contrepartie, ils offrent un levier considérable pour soutenir l'économie réelle tout en permettant d'accéder à des rendements potentiellement supérieurs.

Les **fonds de couverture**, parfois désignés par leur nom anglais *hedge funds*, reposent quant à eux sur des stratégies actives et sophistiquées visant à générer un rendement absolu, peu importe l'évolution des marchés financiers. Ces fonds s'adressent principalement à des investisseurs avertis, capables d'assumer un niveau de risque plus élevé et de comprendre la complexité de ces instruments.

Les **actifs alternatifs tangibles** – tels que les œuvres d'art, les collections de vin, les pierres précieuses (dont l'or), l'immobilier de prestige ou encore les cryptoactifs – remplissent un double rôle : celui de diversification financière et d'expression identitaire ou émotionnelle. Toutefois, ces actifs exigent une expertise approfondie pour en assurer l'évaluation, la conservation et la liquidité.

Dans tous les cas, le succès repose sur une sélection rigoureuse, une évaluation indépendante et une intégration harmonieuse dans la stratégie globale de gestion du patrimoine. L'objectif est d'éviter les déséquilibres tout en renforçant la résilience financière.

Pour approfondir votre réflexion sur ce pilier, posez-vous ces trois questions clés :

1. Notre portefeuille est-il excessivement exposé aux marchés publics ou concentré dans un seul type d'actif?

2. Avons-nous identifié des classes d'actifs alternatifs qui correspondent à nos valeurs, à notre horizon temporel et à notre tolérance au risque?

3. Disposons-nous d'une structure ou d'un accompagnement capable d'évaluer ces actifs avec rigueur et de les intégrer efficacement à notre stratégie de diversification?

PILIER 3 – Structuration juridique et fiscale approfondie

Pour sécuriser, protéger et transmettre un patrimoine avec justesse et vision, une structuration juridique et fiscale rigoureuse constitue l'un des piliers les plus déterminants de la pérennité patrimoniale. Une telle approche permet non seulement de préserver les actifs face aux aléas de la vie – qu'il s'agisse de litiges, de divorces ou de faillites – mais aussi d'optimiser la fiscalité, de faciliter et de protéger la transmission intergénérationnelle, tout en orchestrant les flux financiers en cohérence avec la stratégie de croissance familiale.

Contrairement à une vision purement comptable ou ponctuelle, la planification avancée s'inscrit dans une démarche globale, anticipative et évolutive. Elle mobilise des outils variés, tels que les fiducies, les sociétés de portefeuille ou encore des structures hybrides, toujours adaptées aux cadres juridique et fiscal en vigueur au Canada et au Québec. Cette structuration doit également tenir compte des réalités spécifiques de chaque famille, de leur dynamique entrepreneuriale et des objectifs de transmission.

Les fiducies familiales constituent des outils puissants de protection et de transmission du patrimoine. En créant une fiducie discrétionnaire, une famille peut notamment:

- Fractionner le revenu entre plusieurs bénéficiaires (souvent les enfants) de manière fiscalement avantageuse ;
- Geler la valeur actuelle des actifs – par exemple, les actions d'une entreprise – et attribuer la croissance future aux bénéficiaires ;
- Mettre certains biens à l'abri d'éventuelles réclamations, dans le respect des règles du droit civil québécois.

Les sociétés de portefeuille (ou sociétés de gestion) occupent également une place centrale dans l'architecture financière. Elles permettent :

- D'isoler les actifs d'investissement ou la trésorerie excédentaire du reste des activités ;
- De reporter l'imposition en profitant des dividendes intersociétés non imposables ;
- De créer une plateforme de réinvestissement plus flexible, adaptée aux projets familiaux, philanthropiques ou successoraux.

Enfin, une planification fiscale proactive consiste à analyser régulièrement les structures existantes et à anticiper les conséquences d'une vente d'entreprise, d'un décès ou d'un transfert intergénérationnel. Une coordination étroite entre le fiscaliste, le comptable et le planificateur financier demeure essentielle pour bâtir des structures solides, évolutives et adaptées aux différentes étapes de la vie entrepreneuriale.

Pour approfondir ce pilier, voici trois questions à vous poser :

1. Notre structure actuelle favorise-t-elle la croissance et la transmission de notre patrimoine ou expose-t-elle nos actifs à des risques inutiles ?

2. Avons-nous envisagé l'utilisation de fiducies ou de sociétés de gestion pour organiser la succession et optimiser la protection fiscale ?

3. Notre fiscalité personnelle et corporative a-t-elle été réévaluée récemment à la lumière de nos objectifs familiaux et entrepreneuriaux à long terme ?

PILIER 4 – Gestion des liquidités pour entrepreneurs

Pour transformer un excédent en levier de croissance sans perdre de vue sa vision, principalement lorsqu'une entreprise commence à générer des flux de trésorerie excédentaires, une nouvelle compétence entrepreneuriale devient indispensable : la gestion stratégique des liquidités. Plutôt que de laisser l'argent s'accumuler dans les comptes courants ou d'être absorbé par des réinvestissements impulsifs, il est essentiel de mettre en place une structure réfléchie permettant de mobiliser ces excédents vers la création de richesse durable, qu'elle soit réalisée au sein de l'entreprise ou à l'extérieur.

Par ailleurs, de nombreux entrepreneurs restent concentrés sur leur propre entreprise, exposant ainsi l'ensemble de leur patrimoine à un risque systémique souvent sous-estimé. Trouver le juste équilibre entre réinvestissement, diversification et extraction partielle de valeur est fondamental pour assurer à la fois la résilience de l'entreprise et la pérennité du patrimoine familial.

Les entrepreneurs qui atteignent un certain seuil de rentabilité – souvent dès 500 000 $ à 1 million de dollars de bénéfice net récurrent – peuvent structurer leur excédent de liquidités de manière stratégique, notamment par :

- La création d'une société de portefeuille distincte recevant les dividendes ou les surplus transférables ;
- La mise en place d'une stratégie de placement parallèle à l'activité principale (placements structurés, immobilier, marchés privés) ;

- L'intégration de ces actifs dans une structure globale de planification (fiducie, société de gestion familiale, fonds de réserve à vocation philanthropique ou successorale).

Parallèlement, il est essentiel de quantifier le niveau de concentration du patrimoine dans l'entreprise. Lorsque plus de 70 % du patrimoine global repose sur la valeur d'une seule entité corporative, un ralentissement, un litige ou un imprévu peuvent avoir des répercussions majeures.

C'est pourquoi de nombreux bureaux de gestion familiale recommandent d'instaurer un deuxième moteur de création de richesse, indépendant de l'entreprise fondatrice, pour stabiliser le portefeuille familial et assurer sa pérennité.

La vision à long terme doit rester le cap qui guide les décisions. Il ne s'agit pas d'appauvrir l'entreprise, mais d'orchestrer une **élévation patrimoniale** qui tient compte des cycles de vie, des seuils d'essoufflement entrepreneurial et des objectifs de transmission.

Pour approfondir ce quatrième pilier, voici trois questions à vous poser :

1. Quelle proportion de notre trésorerie excédentaire est actuellement optimisée en fonction de notre vision à long terme ?

2. Notre patrimoine repose-t-il de manière saine sur plusieurs piliers ou dépend-il encore trop d'un seul, c'est-à-dire notre entreprise ?

3. Avons-nous formalisé un plan d'extraction progressive de valeur afin d'établir un patrimoine global, polyvalent et pérenne ?

PILIER 5 – Planification de sortie : préparation à la vente de l'entreprise

Vendre une entreprise n'est pas un simple événement ponctuel, mais un processus stratégique qui se prépare sur plusieurs années. L'idéal est de quitter avec force, de transmettre avec intention et de multiplier les options. Mal planifiée, une sortie peut entraîner une perte de valeur, un affaiblissement du contrôle ou une dilution de la vision. Préparée avec rigueur et clarté, elle devient un levier de liberté, de transfert harmonieux et d'amplification de l'impact souhaité.

La planification de sortie consiste à structurer cette étape plusieurs années à l'avance sur les plans financier, juridique, fiscal et humain. Elle inclut la valorisation de l'entreprise, la préparation de la documentation, la planification de la relève, la mise en place d'une gouvernance post-sortie et l'organisation du patrimoine issu de la transaction.

Un entrepreneur qui prépare sa sortie cinq ans à l'avance peut :

- optimiser la valeur de son entreprise en clarifiant sa gouvernance, ses finances et ses processus ;
- structurer sa sortie par le biais d'une fiducie, d'une société de gestion ou d'un gel successoral, limitant ainsi l'impôt à payer lors de la vente ;
- mettre en place une transition graduelle en cédant par phases, en intégrant un partenaire stratégique ou en prévoyant un ajustement de prix différé.

À l'inverse, un fondateur qui attend l'épuisement ou une crise pour vendre risque de :

- subir une baisse de valorisation ;
- être contraint de vendre sous pression ;
- vivre une perte de repères et une instabilité patrimoniale.

La clé réside dans le fait de piloter la sortie comme un acte de leadership à l'aide d'une intention et d'une vision claire du « pendant » et de « l'après ».

Considérez les questions suivantes pour approfondir ce cinquième pilier :

1. Mon entreprise est-elle en mesure de fonctionner sans ma présence constante ou suis-je encore indispensable à 100 % ?

2. Ai-je envisagé différents scénarios de sortie (vente partielle, intégration de partenaires, transfert familial) ?

3. Ai-je réfléchi à ce que je souhaite réellement bâtir ou incarner après la cession de mon entreprise ?

4. Ma structure fiscale est-elle optimisée pour une transaction ou un transfert futur ?

PILIER 6 – Des stratégies philanthropiques avancées

La philanthropie permet de donner autrement, de structurer pour durer et de transmettre au-delà des chiffres. Elle ne devrait pas se résumer à un don ponctuel en fin d'année. Au sein des familles fortunées, elle devient un outil stratégique d'impact, d'unification familiale et de transmission des valeurs.

Lorsqu'elle est structurée de manière réfléchie, la philanthropie permet également une optimisation fiscale significative. Deux véhicules sont principalement utilisés : la fondation privée, qui assure un contrôle accru et une vision à long terme, et les fonds philanthropiques administrés par des organismes reconnus, plus simples à mettre en place et à gérer.

Créer une fondation familiale permet d'impliquer les enfants dans des décisions collectives, de soutenir des causes cohérentes avec les valeurs familiales et d'orchestrer des dons structurés dans le temps, tout en générant un impact social tangible.

Les fonds donateurs-administrés constituent une solution plus légère. Ils offrent une reconnaissance fiscale complète, une gouvernance simplifiée et une intégration harmonieuse à une stratégie patrimoniale existante.

Par ailleurs, les dons de titres cotés en bourse ou d'actifs ayant fortement pris de la valeur peuvent permettre d'éliminer l'impôt sur les gains en capital, tout en maximisant le crédit d'impôt associé.

Pour approfondir ce sixième pilier, posez-vous les trois questions suivantes :

1. Quelles causes méritent que nous leur consacrions du temps, des ressources financières et une part de notre héritage ?

2. Souhaitons-nous impliquer la prochaine génération dans notre démarche philanthropique et, si oui, de quelle manière ?

3. Notre philanthropie est-elle en accord avec notre vision et nos valeurs, ou repose-t-elle encore sur des actions improvisées ?

PILIER 7 – Gestion des risques et protections avancées

Ce pilier permet de protéger ce qui a été bâti, d'anticiper l'imprévisible et de rassurer sans freiner. Plus le patrimoine croît, plus les risques évoluent et se complexifient. Les entrepreneurs et les familles fortunées sont exposés à des risques spécifiques : litiges, atteintes à la réputation, fraude interne, cybersécurité déficiente, succession mal préparée. La gestion des risques ne se limite pas aux assurances ; elle devient une discipline stratégique à part entière, au cœur du rôle d'un bureau de gestion familiale.

Les outils de protection les plus utilisés comprennent :

- des structures juridiques distinctes et étanches (sociétés de gestion, fiducies, conventions entre actionnaires) ;
- des assurances professionnelles et personnelles adaptées, offrant un haut niveau de protection ;
- des protocoles de sécurité numérique rigoureux (réseaux privés, authentification renforcée, cybersécurité avancée) ;
- et une répartition claire des rôles et des responsabilités afin d'éviter les abus ou les dépendances excessives.

Par exemple, lorsqu'un entrepreneur centralise tous les accès bancaires et les décisions stratégiques entre ses mains, il crée une vulnérabilité majeure pour son organisation et son patrimoine.

À l'inverse, instaurer un comité familial, définir des règles de gouvernance claires et procéder à des révisions annuelles des mécanismes de protection permettent d'anticiper les crises et de les traverser sans perte significative.

Voici trois questions à vous poser pour approfondir l'exploration de ce septième pilier :

1. Quels sont les risques que nous choisissons d'ignorer, mais qui pourraient avoir des conséquences majeures s'ils survenaient demain ?

2. Nos structures actuelles protègent-elles réellement notre patrimoine ou laissent-elles subsister des angles morts vulnérables ?

3. Sommes-nous prêts, en tant que famille ou organisation, à investir autant dans la prévention que dans la croissance ?

Transformer la vision en héritage

Comme l'ascension d'un sommet alpin, chaque transition financière nous invite à revisiter notre équilibre, notre direction, notre souffle. Mais au-delà des défis se cache une occasion unique de bâtir quelque chose de plus grand que soi.

Ce chapitre vous a montré que la réussite ne se mesure pas uniquement à la valeur des actifs, mais à la clarté de la vision et à la capacité de transformer les bouleversements en tremplins. Désormais, il ne s'agit plus seulement de progresser. Il est temps de construire.

Voici trois questions finales pour bien intégrer les enseignements de ce chapitre :

1. Quel pilier abordé mériterait de devenir votre priorité dans les 90 prochains jours ?

2. Votre stratégie actuelle intègre-t-elle pleinement les dimensions de transmission, de gouvernance et de résilience à long terme ?

3. Et si votre richesse devenait un levier d'éducation, de cohésion et de sens pour ceux qui vous succéderont ?

Le vrai sommet ne se mesure pas à ce que vous possédez, mais à ce que vous êtes prêt à structurer, à transmettre et à incarner.

CONCLUSION

« Gravir votre Everest financier, ce n'est pas seulement atteindre un sommet, c'est aussi découvrir qui vous êtes vraiment à chaque étape du chemin. »

Depuis les débuts de ce projet, notre objectif a toujours été clair : transmettre les stratégies qui permettent de transformer une ambition financière en un parcours structuré, durable et porteur de sens. À travers ce livre, nous avons souhaité partager les enseignements tirés de nombreuses années d'accompagnement en montrant que l'atteinte d'un patrimoine de 1 à 10 millions de dollars dépasse la simple réussite financière. Il s'agit d'une véritable aventure humaine, faite de choix, de vision et de transformation intérieure.

Nous avons écrit ce livre pour accompagner des entrepreneurs comme vous dans une phase déterminante de leur parcours : celle où l'on cherche à gravir son Everest financier. Passer de 1 à 10 millions de dollars ne se résume pas à une simple multiplication des ressources. C'est une véritable transformation à la fois personnelle et professionnelle, un trajet complet qui exige de la préparation, de l'endurance et une vision claire du sommet.

En tant que guides financiers, notre mission est de vous aider à tracer une voie claire tout en relevant les défis qui marquent cette ascension. Nous avons choisi de raconter les étapes de ce parcours à travers des métaphores fortes, comme celle de l'alpinisme, parce qu'elles traduisent fidèlement les réalités de la croissance entrepreneuriale : chaque sommet représente une étape, chaque difficulté, une leçon précieuse.

Comme en montagne, la réussite repose sur la préparation, le choix des bons partenaires et la capacité à faire preuve de résilience face aux imprévus. En alpinisme, un manque de planification peut coûter la vie. En gestion patrimoniale, l'absence d'un plan structuré peut compromettre la pérennité de votre entreprise et la sécurité financière de votre famille. Ce livre se veut donc un guide pour rappeler à chaque entrepreneur qu'il n'est pas seul sur ce chemin et qu'avec les bonnes stratégies et le bon accompagnement, chaque défi peut devenir une chance d'aller plus haut et plus loin.

À travers des récits concrets, comme celui d'un entrepreneur ayant vendu son entreprise ou celui d'une personne réorganisant son patrimoine après un deuil, nous avons voulu démontrer que les décisions financières ne sont jamais purement techniques. Elles s'inscrivent dans des contextes personnels riches, souvent complexes, où chaque choix est teinté d'émotions, de valeurs et de visions propres.

C'est pourquoi nous avons intégré ces dimensions humaines pour vous offrir une vision plus complète de la réussite et de l'ascension financière. Nous avons montré comment les biais cognitifs, souvent invisibles, influencent vos décisions et comment les surmonter peut vous permettre d'atteindre vos objectifs avec plus de confiance et de sérénité.

Chaque parcours est unique, mais tous révèlent une même vérité : l'importance d'un accompagnement sur mesure, d'une stratégie en accord avec vos aspirations et vos valeurs. L'indépendance financière ne se limite pas aux chiffres. Elle repose sur un équilibre subtil entre ambition, résilience, vision à long terme et capacité à prendre des décisions éclairées.

Elle se construit aussi grâce à des collaborations fiables et stratégiques. Nous avons eu le privilège d'accompagner des entrepreneurs et de tisser des partenariats au sein d'associations et d'écosystèmes dynamiques qui, au fil du temps, ont généré de la croissance et un impact durable. Après tout, chaque décision bien pensée peut amplifier votre influence bien au-delà de votre sphère personnelle et laisser une empreinte significative.

Nous avons également mis en lumière la roue multidisciplinaire et le bouclier patrimonial d'investissement (BPI), deux approches structurées qui offrent à la fois une vision d'ensemble et des outils concrets pour sécuriser, faire croître et transmettre un patrimoine durable.

La roue multidisciplinaire incarne une orchestration stratégique où chaque expert – fiscaliste, avocat, comptable, spécialiste en assurance et autres professionnels clés – occupe un rôle précis afin d'assurer une coordination fluide de toutes les dimensions financières. Cette synergie permet d'anticiper les enjeux, de maximiser les possibilités et de renforcer la solidité du patrimoine dans une logique à long terme.

Le BPI, quant à lui, repose sur trois piliers complémentaires : les placements en gestion d'actifs, les investissements en entreprises privées et l'immobilier. Cette architecture diversifiée vise à constituer un portefeuille équilibré, résilient et porteur de croissance durable. Chaque pilier joue un rôle spécifique dans la stabilité et l'expansion du patrimoine, permettant de limiter les risques tout en multipliant les leviers de création de valeur.

Ensemble, ces dispositifs forment un écosystème robuste et évolutif qui s'adapte aux différentes étapes de la vie financière. Ils offrent des repères clairement définis ainsi qu'une capacité de rajustement stratégique constante, essentiels pour accompagner chaque phase de l'ascension patrimoniale. En adoptant cette méthode, vous sécurisez vos acquis tout en favorisant une progression harmonieuse.

La valeur centrale de ce livre repose sur un principe fondamental : **l'harmonisation**. Harmoniser vos décisions avec vos valeurs, vos ambitions, vos rêves et une vision claire à long terme.

Chaque chapitre vous propose des perspectives concrètes pour y parvenir : cultiver un état d'esprit orienté vers la croissance, être guidé par une vision structurée, suivre un plan précis, optimiser la gestion de votre temps, et tirer parti de la synergie offerte par un réseau d'experts en gestion de placements et de patrimoine. Ces spécialistes vous permettent d'accéder rapidement à une véritable valeur ajoutée grâce à un écosystème cohérent et bien orchestré.

En parcourant ce livre, vous avez compris que gravir votre Everest financier est un processus continu, nourri par les apprentissages et soutenu par une équipe compétente. Nous avons à cœur votre succès et votre bien-être. C'est pourquoi nous restons attentifs à vos besoins et nous faisons preuve de bienveillance en tout temps, que ce soit dans les hauts ou les bas de la vie.

Votre Everest financier est atteignable. Avec une préparation rigoureuse, les bons outils et un accompagnement adapté, vous pouvez atteindre ce sommet et redéfinir l'horizon qui s'ouvre devant vous. Chaque pas compte. Chaque décision peut transformer votre parcours en une aventure porteuse de sens, d'impact et de pérennité.

Alors, dites-nous, où en êtes-vous dans votre ascension financière ? Êtes-vous prêt à relever ce défi avec confiance et clarté ?

Comment déployer votre ascension financière

Pour transformer ces enseignements en actions concrètes, nous vous proposons un plan en trois étapes clés :

Étape 1 : Diagnostiquer et planifier

1. Faire le point : évaluez votre situation actuelle, vos ressources et vos objectifs à court, moyen et long terme.

2. Fixer un cap clair : définissez votre « sommet financier » en précisant vos cibles d'épargne, d'investissement et d'indépendance financière.

3. Élaborer votre feuille de route: en collaboration avec un planificateur financier, établissez une stratégie intégrant diversification, optimisation fiscale et protection du patrimoine.

Pour nourrir votre réflexion, posez-vous ces deux questions:

- Ai-je une vision précise de mes objectifs à long terme?
- Quels obstacles dois-je surmonter pour assurer mon ascension financière?

Étape 2: Mobiliser les ressources et les alliés

1. Constituer votre équipe de confiance: identifiez les experts essentiels à votre réussite – conseillers en gestion patrimoniale, avocats, fiscalistes et autres professionnels spécialisés.

2. Adopter des outils performants: recourez à des plateformes numériques et à des ressources éducatives pour suivre vos progrès et prendre des décisions éclairées.

3. Centraliser vos efforts: intégrez vos stratégies financières dans un cadre cohérent afin d'éviter la dispersion et de maximiser leur efficacité.

Pour approfondir cette étape, posez-vous ces deux questions:

- Mon équipe actuelle réunit-elle les expertises adaptées à mes besoins et à mes ambitions?
- Quels outils ou technologies pourraient optimiser ma gestion financière et renforcer ma vision d'ensemble?

Étape 3: Agir avec résilience et flexibilité

1. Suivre et rectifier régulièrement: réévaluez vos choix et votre stratégie en fonction des évolutions du marché, de votre situation personnelle ou de vos priorités.

2. Anticiper les risques: mettez en place des mécanismes de protection tels que des assurances appropriées et des fonds de réserve pour faire face aux imprévus.

3. Célébrer les étapes franchies : prenez le temps de reconnaître vos progrès, car chaque réussite consolide vos acquis et renforce votre motivation.

Pour nourrir votre réflexion, posez-vous ces deux questions :

- Comment puis-je veiller à ce que ma stratégie demeure pertinente face aux changements inattendus ?
- Quels aspects de mon plan financier pourrais-je optimiser pour accroître ma flexibilité et ma capacité d'adaptation ?

Au-delà de l'Everest : votre ascension financière vers de nouveaux horizons

Votre progression de 1 à 10 millions de dollars n'est pas une fin en soi, mais un tremplin vers une plus grande liberté et une indépendance financière durable. Pour inspirer la suite de votre parcours, nous vous invitons à considérer quelques points de repère essentiels.

S'élever vers de nouveaux horizons

Une fois un sommet atteint, il est naturel de redéfinir ses objectifs. Cela peut passer par l'élargissement de vos investissements, la transmission de votre patrimoine ou le financement de projets qui reflètent vos valeurs. Il s'agit d'orienter vos ressources vers ce qui compte réellement pour vous : immobilier international, entreprises innovantes, initiatives philanthropiques ou impact social.

Pour aller plus loin, posez-vous ces deux questions :

- Quels sont mes rêves au-delà des objectifs financiers ?
- Comment puis-je mettre mes ressources au service d'un impact positif et durable ?

Créer un héritage durable : L'abondance financière ouvre la porte à des projets qui impactent positivement votre entourage et votre communauté. Créez des fondations, soutenez des causes ou mentorez la prochaine génération d'entrepreneurs. Une question à vous poser : quel impact durable puis-je laisser à travers mes réalisations financières ? Comment puis-je inspirer les autres à suivre leurs propres aspirations ?

Créer un héritage durable

L'abondance financière ouvre la voie à des projets porteurs de sens qui peuvent transformer de façon positive votre entourage, votre communauté, et même les générations futures. Que ce soit en mettant sur pied une fondation, en soutenant des causes qui vous tiennent à cœur ou en accompagnant la relève entrepreneuriale, chaque geste compte. Interrogez-vous :

- Quel impact durable puis-je laisser à travers mes réalisations financières ?
- Comment puis-je inspirer les autres à suivre leurs propres aspirations et à concrétiser leurs rêves ?

Dépasser vos limites

Comme les alpinistes qui se tournent vers de nouveaux défis après l'Everest, vous pouvez envisager des objectifs financiers qui dépassent le cap des 10 millions. Laissez votre curiosité, votre passion et votre soif d'apprentissage vous guider vers des projets encore plus ambitieux.

Réfléchissez à ces questions :

- Quels nouveaux sommets puis-je viser dans mon parcours financier ?
- Comment puis-je utiliser ma réussite actuelle comme tremplin pour bâtir des projets à plus grande échelle ?

Votre parcours financier est une ascension unique, jalonnée de défis et de victoires. Tout au long de ces pages, nous vous avons transmis des outils, des stratégies et des pistes de réflexion pour vous aider à gravir vos sommets financiers. Rappelez-vous que chaque pas compte et que la clé de votre réussite réside dans la discipline, l'adaptabilité et l'appui d'une équipe compétente.

Votre Everest financier n'est pas qu'une destination. C'est une quête d'une vie en cohérence avec vos valeurs, vos aspirations et votre potentiel infini. Ensemble, il est possible d'atteindre des sommets que vous n'auriez peut-être jamais imaginés.

Nous espérons sincèrement que les histoires partagées, les outils proposés et les stratégies présentées dans ce livre vous inspireront à entreprendre votre propre ascension financière avec confiance et clarté.

Au plaisir de poursuivre cette conversation avec vous en personne. N'hésitez pas à nous écrire (voir nos coordonnées à la fin de ce livre) afin d'explorer comment nous pourrions vous accompagner pour la suite de votre parcours.

Ce serait également un privilège pour nous de recevoir vos impressions sur ce récit : ce qui vous a inspiré, ce qui vous a aidé à penser et à vivre différemment votre aventure financière vers la conquête de votre Everest, dans cette ascension de 1 à 10 millions de dollars.

GLOSSAIRE DE L'ASCENSION FINANCIÈRE

Ce glossaire a été conçu pour vous guider à travers les concepts essentiels évoqués tout au long de votre ascension financière. Il rassemble les termes clés, à la fois techniques et métaphoriques, utilisés dans ce livre.

Que vous soyez au début de votre parcours ou déjà bien engagé vers votre sommet, ces définitions vous offriront des repères clairs et renforceront votre compréhension. N'hésitez pas à y revenir aussi souvent que nécessaire, car maîtriser le langage de l'indépendance financière, c'est déjà avancer d'un pas vers une plus grande liberté.

A

Actifs alternatifs: investissements qui ne relèvent pas des catégories traditionnelles telles que les actions ou les obligations. Ils regroupent l'immobilier, les placements privés, le capital-investissement ou encore les fonds de couverture. Ces actifs permettent de diversifier et de renforcer la stabilité d'un portefeuille, tout en offrant des perspectives de rendement différentes.

Actifs liquides: avoirs financiers pouvant être convertis rapidement et sans perte significative en argent comptant. Ils incluent notamment les soldes bancaires, les placements à court terme ou certains fonds du marché monétaire. Ces ressources constituent la première ligne de défense pour couvrir les imprévus ou financer des projets à court terme.

Actifs semi-liquides: investissements qui nécessitent un délai ou des démarches spécifiques pour être transformés en liquidités. Cela peut inclure des obligations, certains fonds communs ou des parts de sociétés privées (dont la vente est possible, mais pas instantanée). Ils offrent un compromis entre accessibilité et potentiel de rendement, à condition de prévoir un horizon de temps approprié.

Actifs illiquides : biens ou placements difficilement convertibles en argent liquide sans risque de perte de valeur. On y retrouve les entreprises privées, l'immobilier, les œuvres d'art ou les terrains. Ces actifs, souvent porteurs de valeur à long terme, exigent une stratégie réfléchie pour leur monétisation.

Altitude financière : niveau atteint dans la gestion de son patrimoine ou de ses finances personnelles. Cette notion symbolique reflète un degré d'indépendance financière, de sécurité ou de réalisation de ses objectifs économiques.

B

Bouclier patrimonial d'investissement (BPI) : méthode exclusive développée par les auteurs, reposant sur trois piliers complémentaires : la gestion d'actifs, les placements en entreprises privées et le portefeuille immobilier. Le BPI permet de structurer, protéger et faire croître un patrimoine de façon équilibrée et résiliente, tout en s'adaptant aux différentes étapes de la vie financière.

Bilan BPI : évaluation personnalisée de la répartition des actifs à l'intérieur des trois piliers du BPI. Cet outil permet d'identifier les déséquilibres potentiels et de rectifier la stratégie d'investissement afin d'assurer une croissance harmonieuse et une meilleure protection du patrimoine.

C

Camp de base : point de départ de l'ascension financière, qui se déploie en cinq temps vers le sommet :

Camp 1 : fondations et discipline budgétaire

Camp 2 : croissance structurée

Camp 3 : maîtrise financière

Ces étapes sont ponctuées de périodes d'acclimatation (mises au point, recul stratégique), puis d'une redescente consciente marquée par la transmission et la simplification une fois le sommet atteint. Chaque étape présente ses défis : instaurer une rigueur durable, diversifier sans se disperser, consolider sans s'assoupir et transmettre avec sens. Cette progression est autant une aventure intérieure qu'un parcours financier. Elle est guidée par la clarté, la discipline et une vision à long terme.

E

Écosystème financier : ensemble structuré de relations, d'outils et de professionnels qui œuvrent en synergie autour de votre patrimoine (par exemple : fiscalistes, notaires, gestionnaires de portefeuille, conseillers en assurance). Un écosystème bien construit favorise des décisions cohérentes, éclairées et intégrées.

Élévation intérieure : transformation personnelle indispensable pour soutenir une élévation financière durable. Elle repose sur le développement d'un état d'esprit constructif, la remise en question des croyances limitantes et l'harmonisation entre ses valeurs et ses choix financiers.

État d'esprit de croissance : attitude mentale favorable à l'ascension financière, caractérisée par la lucidité, la résilience, le courage de passer à l'action et la capacité d'apprendre de ses erreurs, même sous pression.

F

Flexibilité financière : capacité à adapter ses décisions et sa stratégie face aux aléas de la vie et aux fluctuations des marchés, tout en conservant une direction claire et cohérente vers ses objectifs.

Flux de trésorerie : ensemble des entrées et des sorties d'argent sur une période donnée. Il s'agit de la « respiration financière » de votre situation : ce qui entre (revenus, dividendes, intérêts) par rapport à ce qui sort (dépenses courantes, remboursements de dettes, charges fiscales). Un flux de trésorerie positif signifie que vous disposez d'un excédent financier, indispensable pour progresser vers les camps supérieurs de votre ascension.

G

Guides financiers : professionnels tels que les planificateurs financiers, conseillers en gestion de patrimoine et autres experts qui accompagnent les entrepreneurs et les investisseurs dans leur ascension vers la liberté financière. Ils proposent bien plus qu'une expertise technique, car ils incarnent un accompagnement stratégique, humain et multidisciplinaire qui allie rigueur, clarté et vision à long terme pour guider chaque client vers son propre sommet.

I

Indépendance financière : capacité de subvenir à ses besoins et à ceux de sa famille sans dépendre d'un revenu actif. Elle permet de faire des choix en toute liberté, d'investir en cohérence avec ses valeurs et de vivre selon ses aspirations.

Q

Quart-arrière financier : métaphore inspirée du football, désignant un conseiller stratégique qui agit comme chef d'orchestre de votre ascension patrimoniale. Véritable stratège financier, il coordonne les décisions complexes, conserve la vision d'ensemble, anticipe les risques et mobilise les bons experts au bon moment. À l'image d'un guide de haute montagne qui adapte l'itinéraire et sécurise chaque étape, le quart-arrière financier veille à ce que chaque décision soutienne la progression avec méthode, lucidité et cohérence.

S

Sommet financier : objectif ultime d'une stratégie financière personnalisée. Il ne se limite pas à un montant chiffré, mais reflète la réalisation d'une vision de liberté, de sérénité et d'héritage.

V

Valeur liquidative : montant total qu'un investisseur recevrait en liquidant immédiatement ses investissements. Ce terme est couramment utilisé dans les fonds communs de placement pour évaluer la valeur d'une part détenue.

TÉMOIGNAGES

Au fil des pages de ce livre, nous avons partagé notre vision, nos stratégies et notre engagement sincère à accompagner les entrepreneurs dans leur ascension financière. Mais au-delà des principes et des méthodes, ce sont les expériences vécues par ceux et celles que nous avons eu le privilège de guider qui témoignent le mieux de la portée de notre approche.

Chaque histoire présentée ici révèle un parcours unique, jalonné de défis, d'apprentissages et de victoires. Vous y découvrirez des récits d'hommes et de femmes qui ont osé revoir leur posture face à l'argent, rebâtir des fondations financières de qualité et poser des gestes en accord avec leurs aspirations les plus profondes.

Vous lirez également des témoignages de coachs, mentors et experts que nous respectons profondément et qui, par leur guidance, leur bienveillance et leur regard éclairé, ont contribué à faire de nous les professionnels et les humains que nous sommes devenus.

Ces témoignages ne reflètent pas seulement une transformation financière, mais aussi la richesse humaine d'un cheminement partagé. Leurs voix sont une source d'inspiration et une invitation à croire, vous aussi, en votre capacité à gravir votre propre Everest financier avec les bons appuis, la bonne équipe et la confiance nécessaire pour avancer vers de nouveaux sommets.

Robert Lafond

Leader exécutif et chef de la stratégie, Lafond + Associés

Je suis leader exécutif et chef de la stratégie chez Lafond + Associés, un cabinet que j'ai fondé il y a maintenant quarante ans. Ce cabinet est structuré autour de deux grandes entités : le groupe Conseil et le groupe Courtage.

Ce dont je suis le plus fier, c'est que nous nous adressons à la fois aux particuliers et aux chefs d'entreprise. Aujourd'hui, pour les dirigeants d'entreprise, nous disposons chez Lafond de directeurs de stratégie capables de dresser un portrait complet de leur situation, tant sur le plan humain que financier, juridique et successoral.

L'intégration d'Antoine Chaume Legault et de Geneviève Lavigueur au sein de notre cabinet est née de rencontres marquantes. Antoine nous a rapidement impressionnés par son sens du développement, de la vision et de la stratégie. C'est un développeur naturel. Quant à Geneviève, elle nous a été recommandée alors qu'elle occupait un poste exécutif dans l'entreprise familiale, bien établie dans la région métropolitaine. Elle s'est jointe à notre équipe peu après.

Ce qui s'est produit ensuite est assez exceptionnel : nous avons assisté à la naissance d'un tandem Antoine-Geneviève qui s'est rapidement révélé complémentaire, puissant et efficace. Avec le recul, il était évident qu'il existait entre eux une chimie professionnelle hors du commun, une sorte de combinaison gagnante. Et aujourd'hui, au regard de leur succès, nous savons que c'était la bonne décision.

Pour souligner l'impact qu'ils ont au sein de notre organisation et auprès de notre clientèle, je dirais ceci : ils possèdent tous deux une énergie impressionnante. Antoine est un moteur de croissance, un visionnaire, tandis que Geneviève apporte une énergie opérationnelle redoutable. Elle transforme les idées en actions concrètes. Leur alliance repose sur une complémentarité remarquable. Ils se complètent à merveille.

À vous qui lisez mon témoignage pour la première fois et qui hésitez peut-être à faire appel à nos services ou à ceux d'Antoine et Geneviève, je dirais ceci : la première qualité à rechercher est la fiabilité. Ils sont fiables et loyaux – deux valeurs fondamentales qui inspirent naturellement la confiance. Si un client a une hésitation, je l'encourage à prendre un peu de temps et à aller au-delà des premières impressions. Car lorsqu'on prend le temps de les découvrir, on goûte à ce que j'appelle la vraie loyauté, celle qui rassure et permet d'avancer avec confiance.

Ce qu'Antoine et Geneviève offrent dépasse largement les chiffres. Ils incarnent une approche profondément humaine, attentive, multidisciplinaire et intégrée. Ils créent un écosystème sur mesure pour chaque client. Chez nous, il ne s'agit pas d'un service fragmenté ou impersonnel ; c'est du clé en main, du guichet unique.

Mais surtout, ils sont présents quand tout va bien… et encore plus quand ça tourne moins bien. C'est là leur véritable force. C'est dans l'adversité que l'on reconnaît la vraie nature d'un partenaire. Comme leader exécutif et chef de la stratégie, je suis fier de les compter parmi nos piliers.

Ils possèdent cette capacité rare de faire arriver les choses. C'est précieux pour un client de savoir qu'il peut compter sur quelqu'un qui prend les devants, qui agit, qui règle. C'est exactement ce qu'ils incarnent : une présence forte et fiable qui fait avancer.

Je conclurai en soulignant ceci : Antoine et Geneviève ne sont pas seulement dévoués à leurs clients. Ils sont aussi profondément engagés envers leur profession. Ils participent à des formations, siègent à des conseils d'administration et contribuent activement à l'évolution de l'industrie. Ils ont cette fibre multidisciplinaire et ce désir sincère d'apporter quelque chose de plus grand qu'eux-mêmes.

Pour un dirigeant comme moi, après quarante ans d'entrepreneuriat, avoir dans mon équipe deux leaders de cette trempe, c'est très valorisant et une source de fierté.

Sébastien Lafond

Vice-président, Marketing et Distribution chez Lafond + Associés.

Un parcours entrepreneurial marqué par la passion et l'engagement

Je suis Sébastien Lafond, vice-président et associé chez Lafond + Associés, une entreprise familiale québécoise établie depuis plus de quarante ans. Dès le début de mon parcours, j'ai compris que notre force résidait dans notre approche humaine et dans notre capacité à accompagner nos conseillers en gestion de patrimoine bien au-delà des simples chiffres. Contrairement aux firmes qui visent le volume, j'ai toujours cru que l'excellence passe par la qualité des relations et l'impact concret que nous pouvons avoir sur la vie des gens.

C'est dans cet esprit que j'ai croisé la route d'Antoine Chaume Legault et de Geneviève Lavigueur, deux figures marquantes qui ont laissé une empreinte indélébile chez Lafond + Associés et qui ont incontestablement contribué à redéfinir les standards de notre industrie.

Des rencontres déterminantes

J'ai rencontré Antoine par hasard lors d'un événement de levée de fonds en 2016. Dès nos premiers échanges, j'ai été frappé par son charisme, sa façon d'engager les gens et de créer une connexion authentique. J'ai su immédiatement qu'il devait rejoindre notre équipe, car il incarnait parfaitement les valeurs qui nous définissent chez Lafond : l'engagement, la bienveillance et la rigueur professionnelle.

Quelques années plus tard, en 2018, Geneviève a fait son entrée chez nous. Son arrivée n'est pas passée inaperçue. Elle s'est distinguée dès le départ par une prestance naturelle, une attention méticuleuse aux détails et une capacité d'analyse hors du commun. Je me souviens encore de notre première rencontre, où elle prenait tant de notes que je me suis demandé si elle écoutait réellement ma présentation. Aujourd'hui, nous en rions encore, mais ce jour-là, j'ai su qu'elle apporterait une valeur inestimable à notre organisation.

Un impact tangible sur notre écosystème

Depuis qu'Antoine et Geneviève font partie de notre équipe, je peux fièrement affirmer qu'ils ont pleinement adopté notre approche multidisciplinaire. Bien au-delà de la gestion de portefeuilles ou de conseils financiers traditionnels, ils bâtissent un véritable écosystème où le conseiller devient un partenaire stratégique au service des entrepreneurs.

Ils vont bien au-delà des chiffres ; ils comprennent les réalités humaines de leurs clients, leurs défis, leurs ambitions et les accompagnent dans toutes les facettes de leur réussite. J'ai reçu de nombreux témoignages de clients qui me disent à quel point ils se sentent compris et soutenus par eux. Ils instaurent un climat de confiance absolu et proposent des solutions adaptées aux besoins réels de chaque entrepreneur. Leur approche transforme des vies et cela n'a pas de prix.

Des « *Game Changers* » dans l'industrie

Je n'exagère pas en affirmant qu'Antoine et Geneviève sont de véritables *« Game Changers »*. Ils ne se contentent pas de suivre les modèles existants, ils les réinventent. Ils remettent en question les pratiques établies, introduisent des stratégies novatrices et contribuent ainsi à faire évoluer notre industrie.

Travailler à leurs côtés m'inspire chaque jour à me dépasser, à rester en mouvement et à apprendre sans relâche. Leur dynamisme est tout simplement contagieux. Ce que j'admire le plus chez eux, c'est leur capacité à allier innovation et humanité. Ils savent que la finance ne se résume pas aux stratégies d'investissement ou à la planification successorale. Ce qu'ils offrent, c'est un accompagnement stratégique, un conseil personnalisé, une vision claire et un engagement total envers leurs clients.

Au fil des années, Antoine et Geneviève sont devenus bien plus que des collègues, ce sont de vrais amis. À mes yeux, l'amitié n'a rien de superficiel : elle est exigeante. Elle se construit sur la confiance, le respect et une acceptation inconditionnelle. Ce que nous partageons dépasse le cadre professionnel : c'est un lien humain fondé sur le soutien mutuel et la croissance partagée.

Quand je repense à notre parcours commun, je réalise à quel point notre connexion dépasse largement le cadre du travail. Ce sont des personnes sur qui je peux compter, aussi bien dans ma vie professionnelle que personnelle. Et cela, c'est quelque chose d'extrêmement précieux.

Un héritage en construction

Aujourd'hui, quand je regarde le chemin parcouru avec Geneviève et Antoine, je ressens une immense fierté. Leur présence chez Lafond a changé la donne. Non seulement ils ont contribué à notre croissance, mais ils ont également enrichi notre culture d'entreprise et redéfini notre façon d'accompagner nos clients.

Je sais que l'histoire ne s'arrête pas là. Ce que nous avons bâti ensemble continuera d'évoluer, de grandir et d'inspirer d'autres personnes à suivre cette même voie d'excellence et d'humanité.

Au fond, ce que nous faisons, ce n'est pas juste gérer des finances. Nous bâtissons des relations, transformons des vies et redéfinissons l'accompagnement financier. Grâce à eux, je suis convaincu que nous irons encore plus loin.

François Deschamps

Coach en gestion, spécialisé dans l'accompagnement des entrepreneurs, des gestionnaires et des individus aspirant à l'excellence dans leur domaine

Ma rencontre avec Geneviève et Antoine : une connexion immédiate

Lorsque j'ai rencontré Geneviève Lavigueur et Antoine Chaume Legault en 2016-2017, c'était dans le cadre d'un programme de formation et de coaching pour des conseillers en gestion de patrimoine. J'avais été mis en relation avec Sébastien Lafond, vice-président, Marketing et Distribution chez Lafond + Associés à Montréal, et de fil en aiguille, j'ai croisé Antoine lors de ces rencontres. Il était là, posé et curieux.

Geneviève, quant à elle, arrivait d'un univers totalement différent, celui de la bijouterie, et cherchait à comprendre les subtilités du secteur financier. Son questionnement sur les modèles d'affaires et son ouverture m'ont immédiatement interpellé.

Très vite, elle a ressenti le besoin d'être accompagnée et a décidé de se lancer dans un coaching individuel avec moi. Elle débutait avec cette énergie brute et une certaine innocence propres aux nouveaux arrivants dans un domaine complexe. J'ai rapidement perçu son potentiel : une curiosité insatiable, une grande capacité de réflexion et un esprit vif.

L'éveil d'un talent et l'audace d'un choix

Quelques mois plus tard, Geneviève m'a confié qu'Antoine lui avait proposé un poste de gestion au sein de son entreprise. J'ai senti qu'elle hésitait. Elle voyait les avantages, mais aussi les limites d'un tel rôle. C'est à ce moment que je lui ai posé une question essentielle : « Pourquoi accepter un simple poste quand tu peux créer un partenariat ? »

Je connaissais assez Antoine pour savoir qu'il voyait en elle un talent qu'elle-même n'avait pas encore pleinement mesuré. Il reconnaissait son intelligence stratégique, sa capacité à structurer, organiser et bâtir sur le long terme. Je l'ai donc encouragée à ne pas se limiter à un rôle de gestionnaire, mais à proposer à Antoine un véritable partenariat.

Avec son courage habituel, elle a osé. Et la suite, on la connaît : une alliance puissante et complémentaire qui continue de croître année après année.

Un duo puissant et une complémentarité évidente

En les accompagnant au fil des ans, j'ai observé comment leurs forces s'entrelacent parfaitement. Geneviève possède cette capacité de prise de recul, d'analyse fine ; elle segmente les informations, structure et planifie avec une précision redoutable.

Antoine, lui, c'est l'énergie pure, la fougue, l'envie d'avancer vite et fort. Je les compare souvent à un duo yin-yang : Geneviève apporte la réflexion, Antoine l'impulsion. Ensemble, ils forment un équilibre exceptionnel.

Ce qui les distingue vraiment, c'est leur soif d'apprentissage. Ils ne se contentent jamais de ce qu'ils savent déjà. Depuis cinq ans, Antoine s'est aussi joint à mes coachings et tous deux viennent chercher un regard externe lorsque des tournants stratégiques se présentent. Leur humilité face à l'apprentissage, leur ouverture à se remettre en question, leur désir constant d'évoluer font qu'ils progressent sans cesse. Cela se reflète dans leur entreprise, qui ne cesse de croître.

Un accompagnement financier qui va bien au-delà des chiffres

Ce qui me frappe dans leur approche, c'est qu'ils ne se limitent pas aux chiffres. Bien sûr, ils maîtrisent les aspects techniques de la financc, mais lcur accompagnement va beaucoup plus loin.

Geneviève, en particulier, possède un sens de l'équilibre impressionnant : elle sait jongler entre sa vie professionnelle, son rôle de mère, son couple et ses engagements personnels. Elle incarne la preuve qu'il est possible de réussir sans sacrifier son bien-être.

Antoine, lui, est un travailleur acharné, parfois au détriment de lui-même. Geneviève lui apporte cet équilibre, cette capacité à prendre du recul quand nécessaire. Leur complémentarité s'exprime aussi dans leur réseau : au-delà de leur propre expertise, ils savent s'entourer des meilleurs fiscalistes, comptables, avocats pour offrir à leurs clients des solutions complètes et sur mesure.

Un modèle d'authenticité et d'excellence

S'il y a un mot qui résume Geneviève et Antoine, c'est authenticité. Ils sont vrais, intègres et engagés. Leur approche du conseil financier est transparente, axée sur l'humain et guidée par une volonté sincère d'apporter de la valeur à leurs clients.

Mon expérience avec eux m'a prouvé que leur succès n'est pas dû au hasard. Ils sont animés par une curiosité constante, une envie de comprendre et de s'améliorer, non seulement dans leur métier, mais aussi en tant qu'individus. Cette ouverture d'esprit leur permet d'innover, d'adapter leur approche et d'offrir un accompagnement qui dépasse largement les attentes traditionnelles du secteur financier.

Si quelqu'un me demande si Geneviève est la bonne personne pour l'accompagner financièrement, ma réponse est sans hésitation oui. Elle ne se contente pas d'appliquer des stratégies toutes faites : elle écoute, analyse et propose des solutions adaptées aux besoins spécifiques de chacun. Son objectivité, sa rigueur et son immense capacité relationnelle en font une professionnelle hors pair.

Au-delà du cadre professionnel, toute personne qui croise Geneviève et Antoine a quelque chose à gagner. Leur manière de penser, de structurer et d'innover est inspirante. Peu importe où la vie nous mène, ces deux-là nous rappellent qu'avec du travail, de l'audace et une vision claire, tout est possible.

Je suis honoré de les accompagner dans leur parcours et de voir à quel point leur impact s'étend bien au-delà des services financiers. Ils ne se contentent pas de gérer des chiffres, ils construisent des vies.

Permettez-moi de conclure en partageant deux citations percutantes avec vous :

> *« Avoir l'esprit ouvert ne nécessite*
> *pas d'avoir une fracture du crâne. »*
> – Richard Feynman

Cette citation est attribuée à Richard Feynman, célèbre physicien américain et lauréat du prix Nobel. Elle souligne l'importance de l'ouverture d'esprit sans crainte du jugement ou de la critique. Elle illustre particulièrement la posture de Geneviève et Antoine, qui embrassent le changement et l'apprentissage sans peur de se remettre en question.

> *« Le problème n'est pas le problème.*
> *Le problème, c'est ton attitude face au problème. »*
> – Capitaine Jack Sparrow du film *Pirates des Caraïbes*

Cette citation, souvent attribuée au capitaine Jack Sparrow, personnage emblématique de la saga *Pirates des Caraïbes*, met en lumière la manière dont Geneviève et Antoine abordent les défis : avec recul, stratégie et adaptation. Plutôt que de se laisser freiner par les obstacles, ils cherchent des solutions et adoptent une perspective différente pour avancer.

Ces deux citations incarnent leur philosophie : une ouverture constante à l'évolution et une capacité à transformer les défis en possibilités.

Pierre-Luc Paiement

Vice-président principal et directeur général chez K72

L'impact de l'accompagnement d'Antoine Chaume Legault sur ma trajectoire financière

Je suis Pierre-Luc Paiement, père de famille, entrepreneur et passionné de communication. Mon parcours professionnel m'a conduit à travailler dans certaines des plus grandes agences de publicité et de marketing, tant au Québec qu'à l'international. Ayant occupé des postes de direction chez Cossette, BRP, Bose à Boston et dans d'autres firmes de renom, j'ai toujours cherché à comprendre les dynamiques du marché et à anticiper les évolutions de mon secteur.

Aujourd'hui, à la tête de K72 – une agence partenaire de Cossette – à titre de vice-président principal et directeur général, je dirige une équipe qui repousse les limites du marketing moderne en misant sur l'intelligence artificielle et la créativité. Mon rôle de dirigeant m'amène à jongler entre innovation, gestion des talents et croissance des affaires, tout en veillant à maintenir un équilibre entre ambition professionnelle et responsabilités personnelles.

Au fil des années, j'ai pris conscience que, tout comme en affaires, ma gestion financière nécessitait une vision plus proactive et structurée. C'est dans ce contexte que ma rencontre avec Antoine Chaume Legault a marqué un tournant majeur dans ma façon de voir mon avenir financier et patrimonial.

Une rencontre déterminante et inattendue

Il y a environ dix ans, je commençais à m'interroger sérieusement sur la gestion de mes finances. Jusqu'alors, j'avais une approche relativement classique : je faisais affaire avec ma banque, plus par habitude que par choix stratégique. La Banque Royale, que mes parents avaient toujours utilisée, était devenue ma référence naturelle. Je n'avais jamais réellement exploré d'autres avenues, me contentant d'un conseiller bancaire qui me proposait essentiellement les produits maison de l'institution.

En tant que professionnel du marketing, j'ai toujours eu une sensibilité aiguisée pour les approches commerciales et relationnelles. J'ai rapidement perçu que les conseils que je recevais à la banque manquaient d'objectivité et de personnalisation. Mon conseiller jouait davantage un rôle de représentant des produits financiers de la banque, et non de stratège capable de prendre en compte ma vision globale de l'investissement. Je ne sentais pas que mes besoins spécifiques étaient réellement considérés. C'est dans ce contexte que ma rencontre avec Antoine Chaume Legault s'est produite, de la manière la plus inattendue qui soit.

Un soir, un ami proche, qui siégeait au conseil d'administration de la Fondation du Collège Jean-Eudes à Montréal, m'a invité à un souper de bienfaisance organisé par l'école. J'avais accepté l'invitation sans grande attente, surtout pour passer un bon moment et élargir mon réseau.

Ce soir-là, je devais être assis à la table de mon ami et de sa conjointe, mais à la dernière minute, ils ont dû se désister. Les organisateurs ont alors cherché à remplir ces places vides, et c'est ainsi qu'Antoine Chaume Legault s'est retrouvé assis à côté de moi.

Dès les premières minutes, le contact s'est établi de manière fluide et naturelle. Contrairement à ce que j'aurais pu imaginer d'un planificateur financier, Antoine ne s'est pas lancé dans un discours commercial ni dans une tentative de vente déguisée. Il n'avait rien à prouver, rien à forcer. La discussion a commencé de façon informelle : nous parlions de nos parcours respectifs, de nos réalités professionnelles, de notre vision des affaires.

Rapidement, j'ai perçu chez lui une approche différente, plus humaine et plus stratégique. Il ne cherchait pas à me vendre un produit ; il cherchait d'abord à comprendre ma réalité financière et mes aspirations.

Une approche unique basée sur la confiance

Ce qui m'a frappé dès cette première conversation, c'est la posture d'Antoine. Il n'était pas dans une dynamique de vente, mais dans une démarche de partage et d'écoute active. Il ne m'a jamais tendu sa carte d'affaires de manière insistante, il ne m'a pas immédiatement proposé de rendez-vous pour me faire une offre. C'est moi qui ai demandé sa carte à la fin du repas parce que la conversation m'avait donné envie d'en savoir plus.

Sa vision de la planification financière m'a tout de suite interpellé. Contrairement aux conseillers bancaires avec qui j'avais été en contact, Antoine n'était pas contraint par une institution qui lui imposait ses produits. Il m'a expliqué qu'il travaillait dans un écosystème financier élargi, ce qui lui permettait de proposer des stratégies sur mesure, adaptées aux ambitions et aux besoins spécifiques de ses clients. Il ne s'agissait pas simplement d'acheter des fonds communs de placement ou de remplir des REER, mais plutôt de bâtir un plan financier global qui prend en compte ma situation actuelle et mes objectifs à long terme.

Je me souviens avoir été impressionné par sa capacité à vulgariser des concepts financiers complexes. Moi qui venais du monde du marketing, un univers totalement différent de celui de la finance, j'ai trouvé dans son discours une pédagogie claire et accessible, sans jargon technique inutile. Il m'a expliqué l'importance de diversifier mes investissements, de voir au-delà du marché boursier classique et d'explorer des options plus larges comme l'immobilier ou les entreprises privées.

Ce soir-là, en quittant le souper, je savais que je venais de rencontrer quelqu'un d'important pour mon avenir financier.

Des premiers échanges à une confiance totale

Après notre première rencontre au souper du Collège Jean-Eudes, j'ai rapidement repris contact avec Antoine. Je voulais prolonger notre discussion et comprendre en profondeur ce qu'il pouvait m'apporter. Nous avons fixé une rencontre dans un cadre plus formel, mais l'approche d'Antoine est restée la même : humaine, fluide et naturelle.

Lors de notre premier vrai échange en tête-à-tête, il n'a pas commencé par me parler de rendement ou de produits financiers. Il m'a plutôt posé une série de questions précises qui m'ont aidé à réfléchir à mes objectifs financiers réels :

- Pourquoi veux-tu faire croître ton patrimoine ?
- Quel impact veux-tu que ton argent ait sur ta vie et celle de ta famille ?
- Quelle est ta réelle tolérance au risque ?
- Où veux-tu être financièrement dans dix ou vingt ans ?

En répondant à ces questions, je me suis rendu compte que je n'avais jamais vraiment réfléchi à mes finances sous cet angle. Jusqu'ici, mon approche avait été réactive plutôt que proactive. J'épargnais, je faisais quelques placements dans des produits bancaires, mais sans vision globale. Antoine m'a aidé à structurer cette réflexion et à comprendre que l'argent devait être un outil au service de ma liberté et de mes ambitions, et non une simple accumulation de chiffres sur un relevé de compte.

Une approche personnalisée et des possibilités inédites

Ce qui m'a convaincu de travailler avec Antoine, ce n'est pas seulement sa pédagogie, c'est aussi son approche unique. Contrairement aux banques traditionnelles qui se limitent aux produits internes, Antoine évolue dans un écosystème financier élargi. Cela signifie qu'il a accès à une gamme d'investissements diversifiés, souvent inaccessibles au grand public.

Parmi les premières décisions que nous avons prises ensemble, il m'a suggéré d'explorer des placements au-delà des marchés boursiers traditionnels. Il m'a ouvert des possibilités d'investissement privé, notamment dans des entreprises innovantes et dans l'immobilier. Grâce à son réseau et à sa compréhension fine du marché, j'ai pu investir dans :

- Des projets immobiliers stratégiques, offrant une rentabilité bien plus intéressante que les placements classiques ;
- Des entreprises privées à haut potentiel, dont certaines m'étaient totalement inaccessibles sans son accompagnement ;
- Des investissements dans des sociétés comme SpaceX et Deep Sky, ce qui m'aurait été impensable sans un intermédiaire compétent et bien connecté.

En quelques mois, j'ai vu une transformation complète de ma gestion financière. Je suis passé d'un investisseur passif, dépendant des offres de ma banque, à un investisseur stratégique et éclairé, capable de prendre des décisions proactives en alignement avec mes ambitions.

Un accompagnement qui dépasse la finance

Ce que j'ai découvert en travaillant avec Antoine, c'est que son rôle ne se limite pas aux placements et aux chiffres. Il joue un rôle bien plus large, presque celui d'un quart-arrière financier, un chef d'orchestre qui coordonne différents experts pour assurer une gestion optimale de mon patrimoine. Grâce à lui, j'ai pu être mis en contact avec:

- Des fiscalistes compétents, qui m'ont permis d'optimiser ma structure financière et de réduire ma charge fiscale de manière légale et stratégique;
- Des avocats spécialisés, pour la protection et la transmission de mon patrimoine;
- Des experts en gestion successorale, qui m'ont aidé à structurer mon avenir et celui de ma famille.

Cette «conciergerie financière» m'a libéré un temps considérable. Plutôt que de devoir rechercher moi-même un expert à chaque besoin, je pouvais simplement faire confiance à Antoine pour me mettre en lien avec les bonnes personnes. Dans mon quotidien d'entrepreneur, gagner du temps est une valeur inestimable.

Des résultats tangibles et une tranquillité d'esprit

Aujourd'hui, dix ans après cette rencontre, je peux mesurer l'impact réel de l'accompagnement d'Antoine:

- Mes actifs ont considérablement augmenté, bien au-delà de ce que j'aurais pu espérer en restant uniquement dans des placements bancaires classiques;
- Ma compréhension de la finance a évolué. Grâce aux explications d'Antoine, j'ai développé une curiosité et une confiance que je n'avais pas auparavant;

- J'ai une tranquillité d'esprit que je n'aurais jamais imaginée il y a dix ans.

Loin de me sentir prisonnier d'une stratégie rigide, je ressens une liberté financière en constante progression. Je sais que mes investissements sont optimisés, que mes choix sont réfléchis et que je suis accompagné par une équipe de confiance.

Un message pour ceux qui hésitent

Si je devais donner un conseil à quelqu'un qui hésite à revoir sa gestion financière et à s'ouvrir à une approche comme celle d'Antoine, ce serait celui-ci : prenez au moins le temps d'une conversation.

Il n'y a rien à perdre à rencontrer quelqu'un comme Antoine, mais tout à gagner si vous découvrez une manière de gérer votre argent qui correspond réellement à vos objectifs de vie. Si, comme moi, vous sentez que votre gestion financière repose sur des bases traditionnelles mais peu adaptées, alors prenez une heure, écoutez son approche et voyez par vous-même si elle fait écho à vos ambitions.

Aujourd'hui, je ne regrette pas une seule seconde d'avoir fait ce premier pas. Il a été le début d'un chemin qui m'a mené à une sérénité et à une maîtrise financière que je n'aurais jamais cru possibles.

Grâce à Antoine Chaume Legault, je ne subis plus mes finances, je les maîtrise. Son accompagnement ne se limite pas aux placements : il repose sur une vision stratégique, un réseau solide et une approche humaine qui font toute la différence.

Comme j'aime à le dire : « L'argent n'est pas une finalité, mais un levier de liberté. Encore faut-il savoir comment l'utiliser intelligemment. »

Aujourd'hui, je peux dire que j'ai trouvé le bon guide pour y parvenir.

Stéphane Raymond

Directeur exécutif de la division Custom Experiences chez Moment Factory

Je suis Stéphane Raymond, directeur exécutif de la division *Custom Experiences* chez Moment Factory, un studio de divertissement multimédia fondé en 2001 et basé à Montréal. Notre studio se spécialise dans la conception et la production d'environnements immersifs combinant vidéo, éclairage, architecture, son et effets spéciaux. Depuis sa création, Moment Factory a réalisé plus de cinq cents productions à travers le monde et possède également des bureaux à Paris, Tokyo, New York et Singapour.

J'évolue au sein de cette entreprise depuis maintenant dix-sept ans et j'ai eu le privilège d'accompagner sa croissance, passant d'une équipe de dix personnes à près de cinq cents aujourd'hui. Dans mon rôle actuel, je suis responsable de l'ensemble des opérations B2B et de la gestion du portefeuille de projets de ma division. Mon travail consiste à bâtir des stratégies commerciales solides, à développer des relations d'affaires durables et à superviser des projets innovants qui allient créativité et technologie pour offrir des expériences immersives uniques.

Au fil des années, j'ai occupé plusieurs postes chez Moment Factory, ce qui m'a permis de développer une vision globale et stratégique de l'entreprise. J'ai appris à structurer et diriger des équipes, à anticiper les tendances du marché et à mettre en place des solutions qui maximisent la valeur ajoutée pour nos clients.

Ce qui me motive au quotidien, c'est la chance de travailler avec des talents exceptionnels et de contribuer à faire évoluer notre industrie. Mon expertise repose sur ma capacité à créer des synergies entre l'innovation et les affaires, à identifier des occasions de croissance et à offrir aux clients des expériences qui surpassent leurs attentes.

De la rencontre à la collaboration

Dès ma première rencontre avec Antoine Chaume Legault, j'ai ressenti une connexion immédiate. Ayant déjà travaillé avec d'autres conseillers en gestion de patrimoine, j'ai tout de suite perçu chez lui une sincérité rare, une intelligence structurée et une humanité qui dépassait largement le cadre des simples chiffres. Cette authenticité m'a rapidement mis en confiance, transformant ce qui aurait pu être une simple relation professionnelle en un lien d'amitié et de collaboration durable.

C'est par un ami que j'ai entendu parler d'Antoine. Intrigué par cette recommandation, j'ai décidé de le rencontrer et j'ai découvert un professionnel qui se distingue non seulement par son expertise, mais aussi par son approche bienveillante. Antoine ne se contente pas de proposer des placements financiers : il écoute, comprend et oriente en fonction des besoins et des ambitions personnelles.

Progressivement, j'ai commencé à parler de lui à mes collègues et amis. En quelques années, plus d'une trentaine de personnes de mon entourage professionnel ont fait appel à ses services. Cette confiance grandissante a conduit à un partenariat plus étroit avec Moment Factory, où Antoine est devenu un acteur clé dans la gestion financière des employés.

Une approche personnalisée et stratégique

Ce qui m'a marqué le plus chez Antoine, c'est sa capacité à offrir un service réellement personnalisé. Contrairement aux institutions bancaires qui appliquent des stratégies uniformisées, il adapte ses recommandations à chaque individu. Grâce à cette approche, ma conjointe et moi, bien que très différents sur le plan financier, avons pu bénéficier de conseils uniques et complémentaires.

Au-delà de la gestion financière, Antoine possède un réseau impressionnant. Que ce soit pour des questions immobilières, légales ou entrepreneuriales, il sait toujours à qui s'adresser et me met en relation avec les bonnes personnes. Pour moi, cette amplification de mon réseau a été une révélation et un atout majeur.

Une relation basée sur la confiance

L'un des aspects les plus frappants de mon expérience avec Antoine, c'est la confiance absolue que je lui accorde. Contrairement à d'autres conseillers, il gère mes finances comme si c'étaient les siennes. Il n'attend pas que je le sollicite ; au contraire, il est toujours en veille stratégique, anticipant les possibilités et proposant des solutions proactives.

Ce dynamisme et cette implication font toute la différence. Les résultats sont là, mes rendements sont nettement supérieurs à ce que j'aurais pu espérer ailleurs. Cette approche proactive et humaine me conforte dans l'idée qu'Antoine et Geneviève ne se contentent pas d'offrir un service financier ; ils accompagnent véritablement leurs clients dans leur ascension financière.

Des résultats concrets et une valeur ajoutée

Mon expérience avec Antoine repose sur trois piliers fondamentaux :

1. **Personnalisation** : Je ne suis pas un client parmi tant d'autres ; mes besoins sont compris et mes stratégies adaptées.

2. **Vision et anticipation** : Antoine est toujours à l'affût des meilleures options pour maximiser mes finances.

3. **Réseau et occasions** : Il m'a ouvert des portes et mis en relation avec des experts qui m'ont permis d'aller encore plus loin.

Aujourd'hui, je peux affirmer que ma collaboration avec Antoine Chaume Legault va bien au-delà de la finance. C'est un accompagnement humain, stratégique et transformationnel. Honnêtement, je n'aurais jamais pu rêver d'un meilleur conseiller.

Sonia Vigneault

J'ai toujours été une femme d'affaires passionnée, mais jamais je n'aurais cru que mon parcours entrepreneurial m'amènerait à faire des choix aussi déterminants pour mon avenir financier. Mon histoire, c'est celle d'une opticienne qui a bâti, avec une associée, un réseau de cliniques indépendantes avant de prendre la décision de vendre ses entreprises. C'est dans cette transition que Geneviève Lavigueur et Antoine Chaume Legault sont entrés dans ma vie et ont littéralement transformé ma vision de la finance.

Un virage financier déterminant

Pendant des années, je confiais mes investissements à une institution financière traditionnelle. En discutant avec Geneviève et Antoine, j'ai découvert une approche entièrement adaptée à ma réalité et à mes ambitions. Ils ont pris le temps de me présenter des solutions sur mesure et de m'impliquer dans chaque décision. Grâce à eux, j'ai repris le contrôle de mon patrimoine et exploré des stratégies que je n'aurais jamais envisagées seule. Après plus de vingt ans à diriger plusieurs cliniques, le contexte post-COVID a rendu la gestion plus complexe, notamment en raison des défis liés aux employés. L'idée de vendre s'est imposée, mais la peur de prendre la mauvaise décision demeurait. À cela s'ajoutait un nouveau défi : prendre ma retraite à cinquante ans. Bien que cela puisse sembler attrayant, cette transition s'accompagne de défis qui peuvent susciter de l'angoisse ou du stress. Je me suis souvent interrogée sur la manière dont j'allais vivre ce changement et sur tout ce qu'il impliquerait concrètement.

Avec l'aide de Geneviève et Antoine, j'ai mis en place un plan financier et l'effet a été immédiat : un profond soulagement. Ce que j'apprécie particulièrement dans leur approche, c'est sa flexibilité. Rien n'est figé, tout peut être ajusté et mis à jour en fonction des imprévus.

Démocratiser la finance, un atout majeur

Comme beaucoup, je croyais que la finance et la gestion de patrimoine étaient réservées à une élite ou à ceux qui détenaient déjà un capital immense. Ma rencontre avec Geneviève a tout changé. Son approche humaine et accessible m'a fait prendre conscience que la planification financière ne devrait pas être un sujet tabou, surtout pour les femmes qui hésitent trop souvent à en parler. Elle m'a montré qu'il existait des stratégies adaptées à mon profil et des options que je n'avais jamais explorées auparavant.

Une approche humaine et innovante

Ce qui distingue Geneviève et Antoine, c'est leur capacité à rendre la finance compréhensible et captivante. Ils parlent d'argent comme on parle d'un projet de vie, sans jugement ni jargon inaccessible. Jamais je ne me suis sentie dépassée ou mal à l'aise avec eux. Ils ont une manière unique d'adapter leur discours à chacun, en fonction de ses connaissances et de ses aspirations.

Ils m'ont donné un véritable sentiment de contrôle sur mes finances, en m'impliquant dans chaque décision et en m'expliquant des avenues d'investissement que personne d'autre ne m'avait jamais proposées.

Depuis que je travaille avec eux, je parle ouvertement d'argent autour de moi. Je sensibilise mes amis et ma famille à l'importance d'une planification proactive. Leur approche m'a tellement marquée que je suis devenue une véritable ambassadrice de leur philosophie.

Une confiance absolue

Geneviève et Antoine m'ont laissée avancer à mon rythme. Leur confiance en eux et en la valeur qu'ils apportent est telle qu'ils m'ont encouragée à tester leurs services sans engagement. Résultat : j'ai consolidé la majeure partie de mes placements avec eux, sans jamais ressentir la moindre pression.

Un conseil à tous : osez vous informer

Trop de gens hésitent à consulter un planificateur financier, pensant que ce n'est pas pour eux. Pourtant, même mon fils de dix-neuf ans, qui commence tout juste à investir, a été accueilli avec le même sérieux et la même bienveillance que moi. Peu importe votre niveau de richesse ou d'expérience, Geneviève et Antoine savent s'adapter et vous accompagner dans votre propre ascension financière.

Darryl Hicks

Fondateur et président-directeur général chez FlexPay

Je suis Darryl Hicks, entrepreneur en série, actuellement président-directeur général (PDG) et fondateur de FlexPay – ma huitième entreprise, mais la première à être soutenue par des institutions. J'ai investi les premiers millions de dollars de ma propre poche pour la lancer, mais une fois l'échelle atteinte, j'ai levé des capitaux auprès d'investisseurs institutionnels.

Aujourd'hui, je reste l'actionnaire principal, mais nous bénéficions du soutien de fonds de capital-investissement privé et de capital de risque, avec un conseil d'administration auquel je rends des comptes.

FlexPay est une entreprise de technologie financière basée à Montréal, comptant entre cinquante et cent employés. Nous sommes une société privée sous contrôle canadien (SPCC), mais la majorité de nos revenus provient d'entreprises américaines et nous collaborons étroitement avec des institutions financières aux États-Unis.

Grâce à l'intelligence artificielle, nous aidons les grands commerçants à réduire la perte de clients causée par des paiements échoués – un enjeu devenu encore plus critique avec l'essor de la fraude, notamment celle alimentée par des technologies avancées comme les grands modèles de langage.

Au cours de ma carrière, j'ai construit des entreprises qui ont collectivement généré des centaines de millions de dollars de revenus et créé plus d'un millier d'emplois à travers le Canada et les États-Unis. Je suis passionné par la résolution de problèmes concrets grâce à la technologie et j'ai eu la chance de collaborer avec des cofondateurs et des équipes exceptionnelles en chemin.

Une rencontre décisive

J'ai rencontré Antoine Chaume Legault en 2017 lors d'un événement privé organisé par Deloitte, une entreprise mondiale de comptabilité et de services professionnels, à Montréal. Ils y faisaient la promotion de leur programme FAST 50 pour les entreprises technologiques à forte croissance et avaient réuni des conférenciers de haut niveau.

À l'époque, je cherchais activement un gestionnaire de patrimoine. Je venais de lire le livre de Jim Dew, *Beyond a Million*, qui a profondément influencé ma vision du rôle d'un gestionnaire de patrimoine. J'utilisais d'ailleurs ce livre comme filtre pendant mon processus d'entrevue avec des conseillers potentiels.

Antoine s'est immédiatement démarqué. Il a été le premier gestionnaire de patrimoine à avoir réellement lu le livre que je lui avais recommandé. Il est revenu avec des notes, des réflexions et un réel enthousiasme à aligner sa pratique sur cette vision. Cela m'a prouvé qu'il n'était pas simplement un conseiller de plus à la poursuite de rendements. C'était quelqu'un qui écoutait, qui se souciait et qui était prêt à créer une stratégie holistique avec moi. Cette première conversation m'a donné le sentiment que j'avais peut-être trouvé ce que je cherchais vraiment.

Au-delà des investissements traditionnels

Ce qui distingue réellement Antoine, c'est sa capacité à apporter bien plus que de simples investissements traditionnels. Oui, nous parlons d'actions, de revenus fixes et de stratégies fiscales. Mais la vraie valeur, ce sont les possibilités alternatives. Il m'a présenté des investissements directs en immobilier, des financements privés, et même des positions en capital-investissement dans des entreprises comme SpaceX – des occasions que je n'aurais jamais eu le temps de trouver moi-même.

C'est là l'essence d'une délégation réussie. Mon rôle est de concentrer mon temps et mon énergie à être le meilleur PDG possible pour FlexPay. Chaque entrepreneur réalise tôt ou tard que racheter son propre temps est essentiel. Antoine rend cela possible pour moi. Il ne se contente pas de gérer des actifs, il collabore étroitement avec moi pour structurer un portefeuille qui correspond à mon profil de risque en constante évolution.

Il coordonne aussi les professionnels de ma vie – immobilier, fiscalité, succession, juridique – afin que je reste concentré sur ce qui compte : maximiser mon impact en tant que PDG. Et lorsque je passe d'un mode de risque élevé à un mode plus prudent, nous recalibrons ensemble.

Une approche intelligente et alignée

J'ai même obtenu des rendements provenant d'occasions à revenu fixe qu'on associerait normalement aux performances des actions. Mon portefeuille n'est pas seulement bien diversifié : il est intelligent, efficace et profondément aligné avec qui je suis et où je veux aller.

J'ai appris que ce n'est pas parce qu'on *peut* faire quelque chose qu'on *doit* le faire. Antoine m'a aidé à incarner ce principe. Déléguer intelligemment ne signifie pas perdre le contrôle, mais se concentrer sur sa zone de génie. C'est maintenir émotionnellement et stratégiquement le bon état d'esprit pour diriger.

Si vous êtes sans cesse en train de réagir aux aléas des marchés, vous restez coincé dans un mode de combat ou de fuite. Mais lorsque vous vous entourez de la bonne équipe, avec quelqu'un comme Antoine au centre, vous pouvez rester ancré dans un mode parasympathique d'où émergent les meilleures décisions.

Cela me permet aussi d'incarner ce que signifie véritablement la liberté pour moi. Pour citer Morgan Housel, écrivain financier, auteur et conférencier reconnu : *« Faire ce que vous voulez, avec qui vous voulez, quand vous voulez, aussi longtemps que vous le voulez. »*

Et j'ajouterais cette citation de l'auteur américain James A. Michener, lauréat du prix Pulitzer : *« Le maître dans l'art de vivre fait peu de distinction entre son travail et son jeu… il poursuit simplement sa vision de l'excellence. »*

Sur une échelle de 1 à 10, je me donne un 8 pour la liberté. Mais je vise le 10 et Antoine fait partie des raisons pour lesquelles j'y parviendrai.

À tout entrepreneur qui envisage de travailler avec un partenaire en gestion de patrimoine : choisissez quelqu'un qui écoute, qui cocrée une stratégie avec vous et qui se soucie profondément. Voilà ce qu'est Antoine Chaume Legault. Je suis heureux de l'avoir trouvé et encore plus reconnaissant de l'avoir comme partenaire de long terme dans mon parcours.

Christopher J. Enright

Vice-président exécutif et co-directeur de la gestion de patrimoine au Canada, CI Financial

J'occupe actuellement le poste de vice-président exécutif et co-directeur de la gestion de patrimoine au Canada chez CI Financial. Dans ce rôle, je supervise l'ensemble des activités de notre réseau de conseillers, y compris notre plateforme numérique dédiée à la gestion de patrimoine. Mon objectif est d'aider les conseillers à proposer des stratégies complètes et multidisciplinaires aux particuliers et aux familles fortunés à travers le Canada.

Fort de plus de vingt ans d'expérience dans les services financiers, j'ai été profondément impliqué dans l'évolution du secteur de la gestion de patrimoine en conciliant des relations humaines de confiance et une innovation numérique tournée vers l'avenir. Chez CI, je travaille étroitement avec nos équipes pour faire évoluer nos plateformes destinées aux clients fortunés par le biais d'acquisitions stratégiques et pour veiller à ce que nos clients bénéficient d'une gestion de portefeuille, d'une planification financière et de conseils personnalisés de première qualité.

Je crois fermement en l'importance de construire des relations entre conseiller et client fondées sur la confiance, l'indépendance et des résultats à long terme. Pour moi, l'avenir de la gestion de patrimoine repose sur la clarté, la bienveillance et des solutions intelligentes et intégrées qui servent réellement la vie des clients, et non seulement leurs actifs.

Où en est l'industrie et pourquoi le conseil n'a jamais été aussi important ?

Je crois que le conseil est aujourd'hui aussi important, sinon plus, qu'il ne l'a jamais été. Je suis convaincu que cela restera vrai pour les quinze à vingt prochaines années. Nous vivons à une époque où l'information est partout, mais la désinformation aussi. En fait, la désinformation pourrait même se propager plus rapidement. C'est un environnement dangereux pour les investisseurs qui n'ont pas quelqu'un de confiance pour les aider à filtrer les signaux du bruit.

D'après mon expérience, la plupart des gens ne savent pas vraiment faire la différence entre ce qu'ils veulent et ce dont ils ont besoin. C'est ce qui rend le travail de nos conseillers si difficile. Au Canada, planifier sa retraite signifiait autrefois se constituer un capital pour douze à quinze années de revenus postérieurs à la retraite.

Aujourd'hui, si vous atteignez soixante-cinq ans, vous avez plus de 50 % de chances de vivre jusqu'à quatre-vingt-dix ans. Cela représente plus de vingt-cinq années de revenus de retraite à financer. Et jusqu'à tout récemment, nous essayions de le faire dans un environnement de taux d'intérêt extrêmement bas.

De nos jours, un bon conseiller en gestion de patrimoine doit être plus qu'un planificateur. Il doit être une ancre. La finance comportementale joue un rôle énorme. La plupart des clients ouvrent leur relevé, voient que quelque chose a baissé en valeur et paniquent.

Mais je leur dis toujours que si tout dans votre portefeuille monte en même temps, c'est un problème puisque cela signifie que tout peut baisser simultanément. Un portefeuille bien diversifié est conçu pour réagir différemment selon les conditions de marché. Aider les clients à comprendre cela, voilà le véritable défi.

Ce qui distingue Antoine Chaume Legault et Geneviève Lavigueur

Chaque fois que je passe du temps avec Antoine et Geneviève, j'en ressors avec l'envie de passer encore plus de temps avec eux. Ce ne sont pas seulement d'excellents professionnels, ce sont aussi des personnes formidables. Et je ne dis pas cela à la légère.

Ce qui les distingue vraiment, c'est leur combinaison de bienveillance et de créativité. Ils ne se contentent pas d'appliquer des solutions toutes faites ; ils réfléchissent constamment à comment apporter des idées significatives, souvent négligées, à la table. Et ils le font d'une manière solide. Il y a de la discipline derrière chaque stratégie. Ils ne courent pas après les tendances, ils restent ancrés dans les fondamentaux tout en gardant un œil ouvert sur ce qui émerge. C'est rare.

J'admire aussi leur capacité à instaurer rapidement la confiance dès le début de la relation. Les clients se sentent en sécurité avec eux. Cette sécurité leur permet de sortir de leur zone de confort, de considérer de nouvelles façons de penser, d'investir et de planifier à long terme.

J'ai toujours cru une chose : un grand conseiller ne se contente pas de gérer de l'argent, il gère les attentes. Antoine et Geneviève font cela de manière exceptionnelle. Ils aident leurs clients à arrêter de se comparer au bruit du marché ou à l'« investissement chanceux » de quelqu'un d'autre.

À la place, ils posent les questions suivantes : « De quoi avez-vous besoin ? Quel rendement vous faut-il pour atteindre vos objectifs ? » Et c'est là qu'ils commencent à construire.

Dernières réflexions – Pourquoi la confiance sera toujours au cœur du bon conseil

Pour moi, tout revient à la confiance. C'est ce qui fait la différence entre l'ordinaire et l'exceptionnel. Je ne veux pas juste un technicien pour gérer mon argent, je veux quelqu'un que je peux appeler lorsque quelque chose change dans ma vie. Quelqu'un qui peut s'asseoir avec moi, sans jugement, et m'aider à y voir clair.

Il y a eu un temps où l'on croyait que les outils numériques et les plateformes automatisées allaient remplacer le rôle des conseillers en gestion de patrimoine. Or, aucune technologie ne peut remplacer la connexion humaine, les vraies conversations, la compréhension profonde qui se développe lorsque vous êtes face à quelqu'un qui vous écoute – pas seulement pour vos besoins financiers, mais aussi pour vos peurs, vos aspirations et vos transitions de vie.

C'est exactement ce que je vois chez Antoine et Geneviève. Dès le départ, ils ont su créer ce type de relation, ce type de confiance. À mon avis, c'est précisément ce dont l'avenir de la gestion de patrimoine a besoin.

Si vous cherchez quelqu'un pour marcher à vos côtés – pas seulement à travers les marchés, mais tout au long des chapitres importants de votre vie –, je ne vois pas deux meilleures personnes qu'eux pour vous accompagner.

BIBLIOGRAPHIE

BACH, David. *Le millionnaire automatique : un plan efficace en une étape pour vivre dans l'abondance*, ADA, 2005.

BOGLE, John C. *Le petit livre pour investir avec bon sens*, Valor Editions, 2008.

BORIS, Canessa. *Family Office: Theory, Strategy and Practice*, Springer Gabler, 2021.

CFP Board. *Practice Standards: Code of Ethics and Standards of Conduct*, Certified Financial Planner Board of Standards, Inc., 2022.

CFA Institute. *Behavorial Biases and Their Implications for Financial Planning*, CFA Institute Research Foundation, 2020.

DEW, Jim. *Beyond a Million: The Entrepreneur's Playbook for Expanding Wealth, Freedom and Time*, Lioncrest Publishing, 2018.

DWECK, Carol S. *Osez vraiment réussir ! Changez votre mindset*, Mardaga, 2024.

HAUSER, Barbara R. *Family Offices: Le manuel STEP pour les conseillers*, Globe Law and Business, 3e édition, 2023.

HUGHES, James E. Junior. *Family Wealth: Keeping It in the Family – How Family Members and Their Advisers Preserve Human, Intellectual, and Financial Assets for Generations*, Bloomberg Press, 2004.

HUGHES, James E. Junior, MASSENZIO, Susan E. et WHITAKER, Keith. *Complete Family Wealth: Wealth as Well-Being*, John Wiley & Sons, 2017.

Kinder Institute. *Life-Centered Financial Planning: How to Deliver Value That Will Never Be Undervalued*, rapport en ligne du Kinder Institute of Life Planning, 2016.

KIYOSAKI, Robert T. *Père riche, père pauvre : ce que les gens riches enseignent à leurs enfants à propos de l'argent et ce que ne font pas les gens pauvres et de la classe moyenne !*, Un monde différent, 2014.

MARTELL, Dan. *Buy Back Your Time: Get Unstuck, Reclaim Your Freedom, and Build Your Empire*, Penguin Publishing Group, 2023.

MCCULOUGH, Tom et WHITAKER, Keith. *Wealth of Wisdom: The Top 50 Questions Wealthy Families Ask*, John Wiley & Sons, 2018.

McKinsey & Company. *Global Private Markets Report*, rapport en ligne de McKinsey & Company, 2024.

Morningstar, Inc. *The Value of Financial Planning: How Advisors Create Value for Their Clients*, rapport en ligne de Morningstar, Inc., 2018.

PRIOR, Russell. *Family Governance and Surplus Wealth: Sustaining Family Fortunes*, Globe Law and Business, 2021.

RBC Global Asset Management, *Alternative Investing Report*, rapport en ligne de RBC Global Asset Management, 2025.

ROBBINS, Tony. *L'argent : L'art de le maîtriser – 7 étapes simples pour accéder à la liberté financière*, Un monde différent, 2015.

ROSPLOCK, Kirby. *The Complete Family Office Handbook: A Guide for Affluent Families and the Advisors Who Serve Them*, John Wiley & Sons, 2016.

STANLEY, Thomas J. et DANKO, William D. *The Millionaire Next Door: Les surprenants secrets des riches américains*, Fregate, 2019.

VANGUARD, *Portfolio Rebalancing: A Guide to Financial Balance*, rapport de The Vanguard Group, Inc., 2019.

VANGUARD Canada, *Préférence pour les titres canadiens : Une perspective de diversification mondiale*, rapport de juillet 2023.

WHITAKER, Keith, MASSENZIO, Susan E. et HUGHES, James E Junior. *The Voice of the Rising Generation: Family Wealth and Wisdom*, John Wiley & Sons, 2014.

WHITAKER, Keith, MASSENZIO, Susan E. et HUGHES, James E. Junior. *Complete Family Wealth*, John Wiley & Sons, 2017.

WILLIAMS, Roy O. et PREISSER Vic., *Preparing Heirs: Five Steps to a Successful Transition of Family Wealth and Values*, Robert D. Reed Publishers, 2003.

WILSON, Richard C. *The Family Office Book: Investing Capital for the Ultra-Affluent*, John Wiley & Sons, 2012.

WILSON, Richard C. *The Single-Family Office: Creating, Operating & Managing Investments of a Single-Family Office*, Single Family Office Publishing, 2016.

POUR JOINDRE LES AUTEURS

Merci pour le privilège de vous avoir accompagnés tout au long de cette lecture. Ce livre a été pensé comme un guide, mais surtout comme le point de départ d'une conversation vivante et enrichissante. Si certains passages ont résonné en vous, si des réflexions ont émergé, nous serions honorés de les entendre. N'hésitez pas à nous écrire pour partager vos commentaires, vos apprentissages ou vos questions. C'est toujours un plaisir de vous lire et de poursuivre l'échange avec vous !

Téléchargez gratuitement ce bilan financier.
Il aborde de l'importance de comprendre vos actifs et les pourcentages dans chacune des catégories du BPI :
https://bit.ly/bilanCI-CMM

Geneviève Lavigueur, MBA
genevieve-lavigueur@lafond.ca
linkedin.com/in/geneviève-lavigueur
Balado *Cash & Champagne* :
www.patreon.com/c/CashEtChampagne/home

Antoine Chaume Legault, CIM, Pl. Fin.
antoine-chaume@lafond.ca
linkedin.com/in/antoinechaume

Pour découvrir nos services, en savoir plus sur notre approche ou entrer en contact avec notre équipe :
assantecmm.com